이 책에서는 스텐달, 샌더스, 라이트, 캠벨 등 전통적 바울 해석을 비판하거나 수정한 학자들의 주장을 간략하게 요약하고 명료하게 비판한다. 책의 논지에 동의하기 어려움에도 추천하는 것은, 새 관점이나 새 관점 이후의 바울 해석을 받아들이는 독자는 웨스터홈의 날카로운 비판을 통해 자신의 생각을 벼릴 수 있고 전통적 해석을 지지하는 독자는 웨스터홈에게서 새로운 시각과 명징한 논증을 배울 수 있기 때문이다. 간결한 본문 읽기와 상식에 바탕을 둔 논리 전개로 짜여 있어 쉽게 읽을 수 있다.

김선용 신약학 독립 연구자, 번역가, 『갈라디아서』 저자

'바울에 관한 새 관점'에 얽힌 논쟁에 깊은 관심을 가지고 나름대로 열심히 글을 읽은 적이 있다. 그때 나는 전통적 관점의 칭의 이해가 틀리지 않았으며 목회적으로도 여전히 적실하다는 사실을 확인했지만 새 관점이 주는 도전이 대단히 신선하고 유용한 통찰을 제공한다는 사실 역시 확인할 수 있었다. 그러한 이해에 가장 도움을 준 글이 바로 웨스터홈의 이 책이다.

이 책은 전통적 관점을 지지하지만, 새 관점뿐 아니라 전통적 관점 역시 새롭고 낯설게 읽도록 만든다. 그리고 '1세기의 정황 가운데 있는 바울'을 최대한 이해하는 가운데서도 여전히 칭의에 대한 전통적 관점이 유효함을 확신하게 한다. 이 책을 통해서 전통적 관점을 확신하면서도 새 관점을 주장하는 학자들을 섬세하게 이해하게 되었고, 양 진영이 더 많이 대화하고 이해할 공통점 역시 존재함을 알게 되었다. 새 관점을 택하기로 한 사람들이라 하더라도 이 책을 통해서 칭의에 대한 전통적 관점을 붙드는 사람들이 어떤 의도로 그러한 결론에 이르렀으며 초기에 새 관점을 주장했던 사람들이 어떤 이해를 가지고 있었는지 더 잘 알게 될 것이다. 짧고 간명하게 썼지만, 칭의 논쟁에 관심 있는 사람과 그 논쟁이 목회적으로 어떤 의미가 있는지 궁금한 사람에게 꼭 필요한 책이다.

이정규 시광교회 담임목사, 『예수님의 기도 학교』 저자

바울의 칭의에 대한 개요를 제시하는 스티븐 웨스터홈을 읽는 일은 의무이자 즐거움이다. 이 책은 칭의라는 주제를 학생들에게 명확하고도 멋지게 소개한다. 하지만 이 책은 새 관점주의자에게 보내는 결투 신청이기도 하다. 그들은 어떻게 반응할 것인가?

사이먼 개더콜 케임브리지 대학교, *Defending Substitution* 저자

'칭의'와 씨름하는 모든 학생은 매우 흥미로운 이 책을 감사하게 생각할 것이다. 웨스터홈은 주류 해석을 기민하게 전개해 나가며 (캠벨과 라이트의 해석을 포함하여) 이에 대한 최근의 유명한 대안 해석들을 비판한다. 계속되는 주요 논쟁을 위한 탄약이 여기 준비되어 있다.

존 바클레이 더럼 대학교, 『바울과 선물』 저자

'이신칭의'에 관해 스티븐 웨스터홈이 쓴 책은 무엇이든 그저 읽을 만한 정도가 아니라 필독서다. 만약 당신이 바울은 그저 이방인의 문제에만 몰두했을 뿐 인간의 문제에는 관심이 없었고, '칭의'는 '언약에 속한다'는 의미이며, '율법의 행위'는 단순히 '경계 표지'를 나타내는 것이고, '칭의론'은 바울에게서 제거되어야 한다고 믿도록 이끌린다면, 당신은 지식을 충분히 전달받은 게 아니다. 이런 주제에 대한 지식을 제대로 갖추는 것이 당신에게 중요하다면 이 책을 읽으라.

베리 매틀록 채터누가 테네시 대학교, *Unveiling the Apocalyptic Paul* 저자

스티븐 웨스터홈은 『바울에 관한 옛 관점과 새 관점』에서 바울과 유대교에 대한 신선하고 강력한 논증을 제시했는데, 『칭의를 다시 생각하다』는 그에 대한 귀중한 요약이자 확장이다. 이 책은 현재 바울 해석에서 중요한 성경적·신학적 주제와 씨름하며, 신선할 정도로 명료하고 진솔한 문체가 돋보인다.

더글러스 무 휘튼 칼리지, 『NICNT 로마서』『BECNT 갈라디아서』 저자

칭의 논의에 대한 웨스터홈의 요약은 공정하고 정확하며, 독자의 흥미를 자아내면서도 쉬운 그의 글쓰기 방식은 명료함과 단순함의 모범이다.…대단한 책이다.
「트리니티 저널」 Trinity Journal

오래되었다고 해서 꼭 쓸모없어진 것은 아니다. 『칭의를 다시 생각하다』를 읽으면 이 말을 확인할 수 있다. 이 책은 바울 수정주의자들이 다른 관점을 고수하는 일과 관련한 주제들을 독자에게 간결하게 소개한다.
「씨올로지 투데이」 Theology Today

스티븐 웨스터홈에 대해 내가 가장 좋아하는 점은 바울에 대한 옛 관점의 신선함을 또렷이 설명하고 선전하는 그의 능력이다.…바울에게 관심이 있다면 웨스터홈의 이 책을 읽으라. 아무리 추천해도 지나치지 않다.…바울을 알기 원하는 모든 이에게 필독서다. 이 책은 짧다. 간단명료하다. 몇몇 주요 바울 학자와 소통한다.…가장 중요한 점은, 전통적 바울 해석이 조율 정도는 필요하겠지만 완전히 분해해서 수리할 필요가 있는 상태는 전혀 아니라는 사실을 자신감 있고 명쾌하게 보여 준다는 것이다.
「복음주의 신학회 저널」 Journal of the Evangelical Theological Society

이 분야 논쟁에서의 핵심 주제들을 분석하여 훌륭하게 표현한 글이다.…학부 과목을 위한 바울의 칭의 개론 교재로 쓸 수 있겠고, 이 주제에 대한 최근 연구의 개요를 알기 원하는 수준의 어떤 학생에게도 도움이 될 것이다. 이 책은 또한 바울에 관한 '새 관점'에 빠진 사람에게도 자극을 주어 바울의 칭의 언어에 대한 '전통적 접근'을 다시 한번 살펴보게 할 것이다. 내 생각에 그들은 웨스터홈보다 더 나은 인도자를 찾지 못할 것이다.
「종교 리뷰」 Review in Religion

이 책은 현재 벌어지는 논쟁에 관해 일반 독자들을 위한 입문서로 추천될 수 있으며, 학문적 해석자들에 대한 진지한 도전으로 여겨져야 한다.
「루터란 쿼털리」 Lutheran Quarterly

이 짧고도 매력적인 책을 읽으라. 복음주의적 독자라면 이 책을 통해 바울의 칭의와 관련한 다양한 비판적 견해를 빠르게 이해하고 영광스러운 복음에 대한 마음 뜨거운 변호를 접할 수 있을 것이다.
「리포메이션 21」 Reformation 21

칭의라는 주제에 관한 흥미롭고 매력적인 소통이다.
「신학 서적 리뷰」 Theological Book Review

간결하고 명료하다.…웨스터홈은 바울에 관한 새 관점과 관련된 몇몇 해석가의 이른바 수정주의적 견해에 대한 유익한 비판을 제공한다. 그러면서도 바울의 칭의에 대한 자신의 이해를 제대로 소화하여 제시한다.
「성서학 리뷰」 Review of Biblical Literature

칭의를 다시 생각하다

IVP(InterVarsity Press)는
캠퍼스와 세상 속의 하나님 나라 운동을 지향하는
IVF(InterVarsity Christian Fellowship)의 출판부로
생각하는 그리스도인을 위한 문서 운동을 실천합니다.

ⓒ 2013 by Stephen Westerholm
Originally published in English as *Justification Reconsidered*
by Wm. B. Eerdmans Publishing Co.
4035 Park East Court SE, Grand Rapids, Michigan 49546, USA.
All rights reserved.

This Korean translation edition ⓒ 2022 by Korea InterVarsity Press
156-10 Donggyo-ro, Mapo-gu, Seoul 04031, Republic of Korea.

This Korean edition is published
by arrangement of Wm. B. Eerdmans Publishing Co.
through rMaeng2, Seoul, Republic of Korea.

이 한국어판의 저작권은 알맹2를 통하여
Wm. B. Eerdmans Publishing Co.와 독점 계약한 IVP에 있습니다.
신 저작권법에 의하여 한국 내에서 보호받는 저작물이므로
무단 전재와 무단 복제를 금합니다.

Justification
Reconsidered

칭의를 다시

생각하다

새 관점에 대한 전통적 관점의 응답   스티븐 웨스터홈 | 박정훈 옮김

IVP

차례

서문		11
1장	바울을 현대화하는 일이 빠지는 위험	15
2장	유대 교리?	47
3장	'죄인'에게 **그토록** 죄가 많은가?	65
4장	믿음으로 의롭다 하심을 받음	89
5장	율법의 행위로 말미암음이 아니요	123
6장	칭의와 '칭의론'	141
7장	간단히 말해서	155
성경 찾아보기		163

서문

우리 중 바울 서신을 그냥 읽으며 자라지 않고 특별한 방식으로 읽으며 자란 사람들은 자신과 다른 방식으로 바울 서신을 읽어 온 사람들과 대화해 보는 게 좋다. 우리는 우리와 다른 사람에게서 가장 많이 배울 수 있는 것 같다. 우리가 놓친 내용을 그들이 볼 수도 있고, 우리가 잘못 인식한 내용을 그들이 똑바로 볼 수도 있다. 잘못 이해한 쪽이 그들이라는 확신이 들 때조차도 그들이 던진 새로운 질문 때문에 우리는 익숙한 본문을 더 생동감 있게 읽을 수 있게 되며, 우리가 지금까지 당연하게 여기는 통찰을 제시해 준 과거의 바울 해석자들과 그들의 주의 깊은 바울 해석에 더욱 감사하게 된다.

이 짧은 책에서 나는 바울이 칭의에 대해 말하는 익숙한 본문들에 새로운 질문을 던지고 신선한 답을 제시한 학자들을 다룰 것이다. 이들의 해석에 많은 이가 설득되었지만 나는 새로운 활력으로 다시 바울을 읽었고, 이렇게 칭의를 새롭게 해석해야 한다고 말하는 수정주의자들의 주장에 오히려 의문을 제기하게 되었다. 그 이유가 무엇인지 여기서 설명하려고 한다. 이제는 최근에 제시된 바울 해석을 유일한 바울 읽기 방식으로 진지하게 접한 학자 세대가 생겨났다. 그들이 이 책을 읽으며 자신들이 본문에서 놓친 부분을 옛 해석자들이 잡아냈거나 옛 해석자들이 바울의 생각에 더 충실한 추론을 해냈음을 발견하길 바란다. 만약 끝에 가서도 여전히 새 관점을 고수하기로 한다면, 아마도 새 관점을 처음 제시한 자들이 직면했던 도전이 무엇이었는지는 더 잘 이해하게 될 것이다.

이 연구의 범위는 바울에게서의 칭의라는 주제, 더 구체적으로는 이 주제를 어떻게 이해해야(또한 이해하지 않아야) 하는지에 대한 최근 수정주의자들의 주장으로 한정한다는 점을 강조해야겠다. 여기서 내가 논하지 않는 주제라고 해서 그것들이 중요하지 않다거나 여기서 다루는 주제보다 덜 중요하다고 여기는 게 아니다. **이 용어의 의미에 바울 사상의 다른 부분을 포함하면 바울이 칭의에 대해 말하려는 바를 명확하게 파악하지 못하고 오히려 혼란을 초래한다. 칭의는 바울이 인간의 구원을 묘사하는 하나의 방식**이다. 칭의에 대해 바울이 말하려는 바는 인간의 구원이라는 주제에서 핵심이지만 여전히 그 주제의 한 측면일 뿐이다. 또한 칭의는 바울 신학의 다른 주제와도 불가피하게 연관되어 있지만, 여기서 나의 관심은 바울의 칭의 언어가 바울 신학에 독특하게 기여하는 바를 조명하는 데 있다.

이 책의 목적은 내가 이전에 한 연구를 갱신하고 그 연구를 더 많은 사람이 이해하기 쉽게 만드는 것이다. 그 과정에서 나는 이전에 한 연구인 "이신칭의가 답이다: 질문은 무엇인가?"[Justification by Faith Is the Answer: What Is the Question?, *Concordia Theological*

Quarterly 70 (2006): pp. 197-217]와 특히 『바울에 관한 옛 관점과 새 관점: '루터파의' 바울과 그 비평가들』(Perspectives Old and New on Paul: The "Lutheran" Paul and His Critics, Grand Rapids: Eerdmans, 2004)의 내용을 출판사의 허락을 받아 자유롭게 가져올 것이다. 3장은 2008년 11월에 보스턴에서 열린 성서학회(Society of Biblical Literature) 연례 모임에서 발표한 소논문을 기반으로 한다.

이 연구서의 초고를 주의 깊게 읽고 도움이 되는 조언을 해 준 토드 스틸(Todd Still)과 모니카 웨스터홈(Monica Westerholm)에게 감사를 표하고 싶다. 물론 이들은 이 책에 제시된 관점이나 의견에 책임이 없으나 내가 논지를 더 분명히 제시하는 데 확실히 도움을 주었다.

이 책을 딸 제시카(Jessica)와 그의 남편에게 헌정한다. 제시카가 바울을 읽으며 바울과 함께 자랐기 때문에 폴(Paul)과 결혼한 것이 별로 놀랍지 않다고 생각하는 사람은 아직 그들의 이야기를 듣지 못해서 그렇다. 이 둘을 놀라운 방식으로 만나게 하신 하나님의 축복이 이들의 결혼 생활과 하나님을 섬기는 삶에 임하기를 바란다.

1장

Justification
Reconsidered

바울을 현대화하는 일이 빠지는 위험

에드먼드 힐러리 경(Sir Edmund Hillary)은 에베레스트산 말고도 여러 산을 올랐다. 닐 암스트롱(Neil Armstrong)은 달 착륙과 무관한 많은 발걸음을 내디뎠다. 크리스터 스텐달(Krister Stendahl)은 "사도 바울과 서양의 자기 성찰적 양심"(The Apostle Paul and the Introspective Conscience of the West) 외에도 여러 글을 썼다. 하지만 아무도 신경 쓰지 않는다. 만약 오늘날 힐러리, 암스트롱, 스텐달을 기억한다면 이는 그들의 짧고 빛나는 한순간 때문일 것이다.

스텐달의 유명세는 분명 힐러리나 암스트롱보다는 훨씬 더 제한적이다. 하지만 신약학자 사이에서 "자기 성찰적 양심"[1]에 대해 쓴 그의 글은 20세기에 집필된 단편 논문 가운데서 가장 잘 알려지고 가장 영향력 있는 작품 중 하나다. 이 글은 헨리 캐드베리(Henry Cadbury)가 『예수를 현대화하는 일이 빠지는 위험』(The Peril

---

1 "The Apostle Paul and the Introspective Conscience of the West", *Harvard Theological Review* 56 (1963): pp. 199-215. 여기서는 Krister Stendahl, *Paul among Jews and Gentiles and Other Essays* (Philadelphia: Fortress, 1976), pp. 78-96에 재출판된 글을 인용했다. 『유대인과 이방인 사이에 있는 바울』(감은사). 후자의 책에 나온 다른 글들은 앞서 언급한 논문에서 "생각을 발전시켜 정리한 바울 해석에 도달하기 위한 특정 단계"를 나타낸다(p. v). 앞으로 스텐달의 입장을 소개할 때 그 글들을 사용할 것이다. 이번 장 본문에서 언급하는 페이지는 이 책의 페이지다.

of Modernizing Jesus)²을 써서 복음서 분야에서 성취하고자 했던 일을 스텐달이 바울 분야에서 이루고자 집필한 것이다(그리고 대개 그 목적을 잘 이루었다고 평가한다). 바울을 그가 살았던 1세기 맥락에서 끄집어내는 것은 그를 왜곡하는 것이다. 그리고 사도 바울을 포함한 고대인들은 당연히 자기 성찰에 빠진 사람들이 아니다. 스텐달에 의하면, "자기 성찰적 양심의 딜레마를 표현"했던 사람은 바울이 아니라 아우구스티누스(Augustine)이며, 어쩌면 그가 그렇게 한 "최초의 사람이었을" 것이다(p. 83). "그의 『고백록』(*Confession*)은 자기 성찰적 양심의 역사에서 최초의 위대한 문서다. 아우구스티누스의 노선은 중세 시대로 이어져 아우구스티누스회 수도사 마르틴 루터(Martin Luther)의 참회의 몸부림에서 그 절정에 도달한다"(p. 85). 자기반성을 "진지하게 실천해 본 사람들"은 양심의 고통을 느꼈다. 양심의 고통으로 인해 절망 가운데서 "어떻게 내가 은혜로운 하나님을 찾을 수 있는가?"라는 질문을 던졌다. "바로 **그들의** 질문, 즉 '어떻게 내가 은혜로운 하나님을 찾을 수 있는가?'라는 질문 때문에 율법의 행위가 아닌 믿음으로 그리스도 안에서 의롭다 하심을 받는다는 바울의 말이 그들에게 자유와 구원을 선사하는 해답으로 보인다"(p. 83).

하지만 이들의 질문은 바울의 질문이 아니었다. 바울의 관심은 "교회와 하나님의 계획 안에서 이방인의 위치였다"(p. 84). 따라서 (스텐달이 주장하길) "수 세기에 걸쳐 서양에서는 성경 저자들이 틀림없

---

2 Henry J. Cadbury, *The Peril of Modernizing Jesus* (New York: Macmillan, 1937).

이 우리의 문제들을 붙들고 고심했다고 잘못 추측해 왔는데, 그 문제들은 성경 저자들의 의식 속에 전혀 들어 있지 않았다"(p. 95). "바울의 고민은 이방인이 메시아의 공동체에 포함될 수 있는지 그 가능성에 관한 것이었지만, 그의 말은 이제 공통의 인간 곤경에서 구원받았다는 확신을 구하는 자들을 위한 해답으로 읽히고 있다"(p. 86). 이후에 스텐달은 자신에 대한 가장 유명하고 예리한 비판자였던 에른스트 케제만(Ernst Käsemann)과 자신과의 차이를 이와 비슷하게 요약했다. "당면한 첫 번째 문제는 바울이 칭의에 관한 **그의** 주장을 어느 질문에 대한 답으로 제시하고 있느냐다. 그는 '이방인에 대한 나 바울의 사명을 하나님의 계획 안에서 어떻게 이해해야 하며 이방인이 하나님의 약속 안에 참여할 권리가 있음을 어떻게 변호해야 하는가?'라는 질문에 답하고자 했는가? **아니면** 내가 생각하기에는 후대의 서양적 질문, 즉 '어떻게 내가 은혜로운 하나님을 찾을 수 있는가?'라는 질문에 답하고자 했는가?"(p. 131)

"율법의 행위가 아닌 믿음으로 의롭다 하심을 받는다"는 바울의 주장을 어떻게 이해하느냐는 이 주장에서 다루는 문제가 무엇이라고 생각하느냐에 따라 최소한 부분적으로 결정된다. 스텐달의 문제 제기와 답변 모두—"어떻게 죄인이 은혜로운 하나님을 찾을 수 있는가?"가 아니라 "이방인이 어떻게 하나님의 백성 자격을 얻는가?"다—많은 이에게 자명한 원칙이 되었다.[3] 신약학자들에게 소중한 여

---

3   칭의에 관해 말할 때의 바울의 의중(어떻게 이방인이 하나님의 백성에 포함되는가)과 '후대에' '서양적'으로 이해한 바울의 의미(어떻게 죄인이 은혜로운 하나님을 찾을

러 원칙과 마찬가지로 이 원칙도 진실의 일면을 지니고 있다. 예수를 가장 먼저 따랐던 자들은 유대인이었다. 바울은 "이방인의 사도"로 "부르심을 받았다"(롬 1:1; 11:13). 어떻게 이방인 개종자들이 유대인 신자들과 하나의 신앙공동체로 연합할 수 있느냐는 질문에 여러 초기 교회 지도자는 다르게 답했다. 어떤 이들은 이방인 신자들이 할례를 통해 유대인이 되어 유대 음식법과 안식일 등을 지키며 유대인으로 살아야 한다고 생각했다. 바울은 그들과 그들의 관점에 반대했다. '칭의'는 바울이 이 논쟁에 대응하면서 처음 바울 서신의 중심 주제가 되었다. 신약성경을 주의 깊게 읽는 사람이라면 누구라도

수 있는가)를 극명한 대립으로 본 스텐달의 이해는 '바울에 관한 새 관점'이 일으킨 논쟁의 초기 단계에서 자주 반향되었다. 하지만 이후에 이 논쟁이 무르익으면서 최소한 일부 경우에서는 이것이 강조에서의 차이일 뿐 대립은 아니라고 말하는 지점에 도달하게 되었다. 예를 들어 제임스 던(James D. G. Dunn)이 *The New Perspective on Paul: Collected Essays* (Grand Rapids: Eerdmans, 2005), pp. 1-88에 실린 "The New Perspective: Whence, What, and Whither?"에서 한 말에 주목하라. 『바울에 관한 새 관점』(에클레시아북스). 다음은 p. 87의 내용이다. "행위가 아닌 믿음을 통한 칭의에 대한 바울의 설명은 그가 이방인 선교를 하던 상황에서 자기 자신에게 근본적으로 중요한 것을 변호할 때 등장했다. 그것은 복음은 모두를 위한 것, 즉 유대인뿐 아니라 이방인을 위한 것이기도 하며 이를 위해 이방인이 유대교 개종자가 되거나 유대인의 삶의 방식을 따르지 않아도 된다는 것이었다. 이를 인식하는 것은 오직 하나님의 용서와 의롭게 하시는 은혜 없이는 아무도 하나님 앞에 설 수 없다는 더욱 근본적인 사실을 부인하거나 폄하하는 게 **아니다**." 비슷하게, 최근에 N. T. 라이트(Wright)도 "새 관점"은 "바울이 칭의를 논할 때마다 동시에 이방인의 포함에 대해 말한다"는 점을 강조했지만 "대개는 이것이 어떻게 전통적 관점, 즉 바울은 죄인이 어떻게 하나님과의 관계를 바로잡을 수 있는지에 관해 말하고 있다는 주장과 통합되는지"는 보여 주지 못했다는 데 주목한다[*Paul in Fresh Perspective* (Minneapolis: Fortress, 2006), p. 36]. 『톰 라이트의 바울』(죠이선교회).

여기까지는 인정해야 한다.

문제는 오히려 스텐달이 부인하는 내용에 있다. 얄궂게도, 그가 아니라 다른 이들이 바울을 현대화했다는 스텐달의 주장이 환영받은 것은 바로 스텐달 자신이 바울을 현대화했기 때문이었다. 우리가 사는 세속화된 시대에서는 이전에 중요하게 여겨졌던 인간과 하나님과의 관계가 관심 밖으로 밀려나거나 전혀 이해할 수 없는 것으로 치부된다. 반대로, 우리가 사는 다문화 사회에서 자신과 다른 민족적·문화적 배경을 가진 사람들을 받아들이는 것은 과거 어느 때보다 공동체의 평화에 중요하다. 이에 비추어 볼 때 스텐달은 바울을 부정적으로나 긍정적으로나 현대적 의제에 적합한 모습으로 제시한다. 그가 그리는 그림이 우리를 1세기 바울의 모습에 더 근접하게 해 줄 수 있는가?

바울 선교의 부담: 데살로니가와 고린도

스텐달이 바울의 선교에서 중추적이라고 옳게 파악한 문제―이방인이 하나님의 백성이 되는 조건―를 넘어 더 근본적인 질문을 던지자마자 의심이 생기기 시작한다. 이방인은 애초에 왜 신자들의 공동체에 들어가고 싶어했는가? 바울이 양심의 가책으로 괴로워하는 사람들에게 마음의 평안을 주고자 지중해 세계를 누비고 다니지는 않았음은 스텐달 없이도 알 수 있다. 그렇다고 바울이 (유대인의) 하나님의 백성이 되는 자격을 주겠다고 말하며 이방인을 불러 모았다거나 아브라함 언약에 들어갈 수 있는 쉬운 조건을 홍보했다고 상상하기도 힘들다.[4] 할례를 받든 안 받든 이방인이 유대인의 공동체에 속하거나 이들의 '언약'에 들어가기를 강하게 열망하는 경우는 거의 없었다. 비유대인들이 바울의 메시지를 받아들일 수 있었던 것은 오직 그것이 이방인 스스로가 중요하다고 느꼈던—바울을 만나기 전에 느끼지 않았더라도 최소한 그 이후에는 느꼈던—필요를 채워 주었기 때문이다. 그 필요의 본질에 관해 바울의 편지는 모호하지 않다.

학자들은 대부분 데살로니가전서가 현존하는 바울의 최초 편지라 믿는다. 바울이 데살로니가에 신자들의 공동체를 세우고 나서 얼마 지나지 않아 보낸 이 편지는 바울이 처음 이 도시에 도착했을 때 전했던 메시지의 핵심을 시종일관 드러낸다. 어느 때나 바울은 자신의 청중에게 하나님의 진노가 안심한 채 살아가는 인류를 집어삼켜 갑작스러운 파멸을 가져오리라고 경고했다(1:10; 5:3; 참고. 살후 1:5-10). 인류의 죄악됨이 한계에 다다른 것이다. 이방인은 우상을 섬기면서 참되고 살아 계신 하나님을 전혀 신경 쓰지 않았다. 그들의 부도덕성은 악명 높았고 평소 행실은 빛이 아니라 어둠에 더 잘 맞았다(참고. 살전 1:9; 4:4-5; 5:6-7). 유대인 역시 하나님의 사자(使者)들을 거부했던 그들의 악명 높은 역사를 볼 때 하나님과 멀어져 있었다. 이들은 옛 선지자들을 거부했고, 최근에는 주 예수를 거부했으며, 이제는 예수의 사도적 증인들을 거부한다(2:14-16). 모두에 대한 징

---

[4] 확실히 바울은 그가 전하는 '복음'에 긍정적으로 반응해야 그 결과로 하나님의 백성이 되는 자격을 얻어 백성의 일원이 될 수 있다고 믿었다. 하지만 이것이 비유대인들에게 복음을 받아들이는 최초나 주된 이유가 될 수는 없다.

벌은 신속하고 피할 수 없이 임할 것이다(5:3).

오늘날 많은 사람은 이런 메시지를 별로 심각하게 받아들이지 않는다. 여기서 굳이 그 이유를 탐구할 필요는 없다. 하지만 분명 1세기 데살로니가에서 바울의 편지를 읽은 사람들은 이를 심각하게 받아들였다. 자신의 행위가 신을 노엽게 할 수 있다는 개념은 새롭지 않았으며 신의 노여움은 위험한 것이었다. 유대인과 비유대인 모두 자신들의 운명에 영향을 미치고 심지어 운명을 통제하는 초자연적 힘과 좋은 관계를 유지하려고 항상 애를 썼다. 이러한 염려가 있었기에 바울의 메시지는 자연스럽게 와 닿았다. "어떻게 내가 은혜로운 하나님을 찾을 수 있는가?"라는 질문이 현대 서양을 붙잡았다는 스텐달의 주장이 옳은지는 궁금해할 수 있겠지만, 고대인들에게는 이런 염려가 없었다는 그의 주장이 옳다고는 도저히 생각할 수 없다. 특히 임박한 종말에 대한 바울의 메시지에 반응했던 사람들을 생각하면 그렇다. 바울의 메시지가 이후 시대의 특징이 되는 자기 성찰의 조짐을 촉발했는지 아닌지를 묻는 것은 주의를 다른 데로 돌리는 일이다. 자기 성찰적 양심을 가졌든 그렇지 않든, 임박한 하나님의 심판에 대한 경고를 심각하게 받아들이는 사람이라면 틀림없이 누구라도 자비로운 하나님을 찾는 일을 긴급한 관심사로 여길 것이기 때문이다.

여기까지는 명확하다. 반대로 말하면, 이 편지 어디에서도 데살로니가 신앙 공동체에서 이방인과 유대인의 관계에 문제가 있었다는 암시는 없다. 만약 "바울의 신학적 사고의 핵심 요소가 어떻게 죄인이 은혜로운 하나님을 찾을 수 있는가에 대한 질문이 아니라 하나님의 목적이 유대인뿐 아니라 이방인도 포함한다는 확신이었다면",[5] 그리고 전자의 질문은 그저 후대 서양의 고민을 나타낼 뿐이라면, 데살로니가 교인들에게 전해진 바울의 메시지는 그들을 바울 사고의 핵심에 무지한 채로 내버려 둔다고 말할 수밖에 없다. 그 메시지는 데살로니가 교인들이 부적절한 시간과 장소에서 태어나 제기할 수조차 없었던 질문에 무의미하게 답하는 내용이기 때문이다.

이렇게 바울은 자신의 시대에 속하지 않는 것으로 여겨지는 질문에 답하는데, 그 답은 하나님이 자신의 아들 예수를 통해 임박한 진노로부터의 구원을 제공하셨다는 것이었다(1:10; 5:9). "복음"(좋은 소식)이라고 적절하게 이름 붙인 이 "구원"의 메시지가 바울에게 맡겨진 것이다(2:4, 16). '구원받기' 위해서는 그가 전하는 복음을 사람의 말이 아니라 하나님의 말씀으로(2:13) "받아들여야" 했다(1:6). 하나님의 말씀에 그렇게 반응하는 것은 참되고 살아 계신 하나님께로 "돌아서서"(1:9) 그분을 믿었음을 의미했다(1:8). 따라서 구원받을 자들은 복음에 믿음으로 반응함으로써 진노로 멸망할 자들과 구별되었다. 전자는 반복해서 "믿는 자"라고 불리며(1:7; 2:10, 13), 후자는 복음의 진리를 믿지 않는(혹은 복음에 복종하지 않는) 자라고 불린다(참고. 살후 1:8; 2:12; 3:2).

자기 자신의 구원에 관심을 갖는 일을 자기중심적이라고(심지어 무례하다고) 말하는 사람이 간혹 있다. 하지만 분명 바울의 메시지를

---

5   James D. G. Dunn, "Works of the Law and the Curse of the Law (Gal. 3.10-14)", in Dunn's *New Perspective on Paul*, pp. 111-130, 여기서는 p. 130.

심각하게 받아들이지 않은 자들만이 구원에 무관심할 수 있었을 것이다. 바울의 메시지를 받아들인 자들에게는 "어떻게 내가 은혜로운 하나님을 찾을 수 있는가?"라는 질문이 자신들의 불가피한 고민을 표현하는 더할 나위 없이 좋은 방법이다. 아우구스티누스와 그 계승자들뿐만 아니라 데살로니가전서의 최초 독자들도 분명히 그렇게 느꼈다.

만약 데살로니가전서를 '초기 바울'을 나타내는 편지로서 바울이 원숙기에 쓴 편지들과 다른 메시지를 전하는 것으로 치부한다면 당연히 우리의 주장을 펼치는 데 데살로니가전서가 덜 중요해질 것이다. 하지만 바울은 데살로니가에서 아테네를 거쳐 고린도로 이동하는 동안 생각의 변화를 겪지 않았다. 바울이 말한 고린도에서의 목표—바울은 다른 모든 곳에서도 마찬가지라고 확신한다—는 그의 메시지를 듣는 이를 '구원하기' 위해 무슨 일이든 하는 것이었다.

유대인들에게 내가 유대인과 같이 된 것은 유대인들을 얻고자 함이요. 율법 아래에 있는 자들에게는 내가 율법 아래에 있지 아니하나 율법 아래에 있는 자 같이 된 것은 율법 아래에 있는 자들을 얻고자 함이요. 율법 없는 자에게는 내가 하나님께는 율법 없는 자가 아니요 도리어 그리스도의 율법 아래에 있는 자이나 율법 없는 자와 같이 된 것은 율법 없는 자들을 얻고자 함이라. 약한 자들에게 내가 약한 자와 같이 된 것은 약한 자들을 얻고자 함이요. 내가 여러 사람에게 여러 모습이 된 것은 **아무쪼록 몇 사람이라도 구원하고자 함이니.**

(고전 9:20-22; 참고. 10:33)

데살로니가서에서 '구원'은 하나님의 진노와 심판으로부터의 구조를 의미했다. 고린도서에서도 마찬가지다. 고린도전서 11:32에 따르면 "세상"은 정죄를 당했으며, 몇몇 본문에 의하면 세상 사람들은 "멸망하는 자들"이다(1:18; 고후 2:15; 4:3). 그들이 멸망하는 것은 그들의 행위가 멸망에 합당하기 때문이다. "불의한 자"는 "하나님의 나라를 유업으로 받지 못"한다(고전 6:9). 이렇게 멸망하는 자들에게 바울은 자신의 메시지를 믿는 모든 사람은 죄와 정죄함에서 구원을 받을 수 있다는 복음을 가져다주었다.

십자가의 도가 멸망하는 자들에게는 미련한 것이요 구원을 받는 우리에게는 하나님의 능력이라.…하나님께서 전도의 미련한 것으로 믿는 자들을 구원하시기를 기뻐하셨도다. (고전 1:18, 21)

형제들아[그리고 자매들아], 내가 너희에게 전한 복음을 너희에게 알게 하노니 이는 너희가 받은 것이요 또 그 가운데 선 것이라. 너희가 만일 내가 전한 그 말을 굳게 지키고 헛되이 믿지 아니하였으면 그로 말미암아 구원을 받으리라. (고전 15:1-2)

우리는 구원받는 자들에게나 망하는 자들에게나 하나님 앞에서 그리스도의 향기니 이 사람에게는 사망으로부터 사망에 이르는 냄새요 저 사람에게는 생명으로부터 생명에 이르는 냄새라. 누가 이 일을 감당하리요? (고후 2:15-16; 참고. 6:1-2)

이제 바울이 고린도에 왔을 때 전한 메시지의 핵심에 대해서는 의문의 여지가 없다. 우리 논지에서 중요한 것은 데살로니가서에는 없는 '의'(righteousness)와 '칭의'(justification)의 언어가 고린도전서와 고린도후서에서 비록 두드러지지는 않더라도 등장한다는 점이다. 우리가 '의롭다 하다'[justify, 디카이오오(*dikaioō*)]라고 번역하는 헬라어 동사는 '의로운'[righteous, 디카이오스(*dikaios*)]과 '의'[righteousness, 디카이오쉬네(*dikaiosynē*)]에 해당하는 헬라어 단어와 같은 어근에서 왔다. 이 '의롭다 하다'라는 동사는 주로 사법적 상황에서 사용되며 '무죄라고 선언하다', '의롭다고 여기다', '무죄 판결을 내리다'라는 뜻을 나타낸다. 바울은 고린도전서 4:4에서, 자기 자신이 의식하는 잘못은 없지만[6] 자기가 아니라 하나님이 심판자이시므로 자신이 무죄라고 느끼는 것이 그가 '의롭다 함을 얻는 것'을 의미하지는 않는다고 말한다. 다시 말해, 오직 하나님만이 사람에게 의롭거나 의롭지 않다고 선포하실 수 있다. 이러한 (상당히 일상적인) 말뜻에 비추어 볼 때, '의롭다'는 것은 자신의 도덕적 의무를 완수했고 마땅히 해야 할 일을 했다는 의미다. 반대로 '불의한' 사람이란 마땅히 살아야 할 모습으로 살지 않은 사람이다. 바울은 이들이 행하는 죄된 행위의 종류를 열거한다(고전 6:9-10). 그렇다면 바울의 복음에서 다루는 딜레마를 표현하는 **한 가지** 방식은 이 세상이 '불의한 자', 즉 하나님의 심판에서 살아남을 소망이 없는 사람으로 가득 찼다고 말하는 것이

---

6 문맥에서는 바울이 특별히 고린도 교인들과의 관계에서 잘못한 점을 염두에 두고 있음을 암시한다.

다. 복음은 **불**의한 자들에게, 그들의 불의에도 불구하고 "의롭다는 선언을 받거나"(declared righteous) "의롭다 하심을 받는"(justified) 방법을 제공함으로써 이 딜레마에 응답한다(6:11).

반복해서 말하지만, 그런 언어가 고린도서에서 두드러지지는 않는다. 하지만 이방인이 할례받고 유대인의 음식법을 지켜야 하느냐는 문제나(이런 문제는 고린도서에서 쟁점이 아니었다) 어떻게 이방인이 유대인과 똑같이 하나님께 받아들여질 수 있느냐는 문제를 다루는 데서도 사용되지 않는다[사실 이방인만큼이나 유대인도 '구원받을' 필요가 있었다(고전 9:20-23; 참고. 1:18-25)]. 바울은 죄인이 하나님의 임재 안에 들어가기 위해 필요한 의를 어떻게 찾을 수 있는지 설명할 때 의와 칭의의 언어를 동원한다. 고린도전서 1:30에서 선언하는 것처럼 그리스도가 "우리의 의로움"**이시라는** 말은 핵심을 가능한 한 가장 간결한 방식으로 표현한 것이다. 즉, 사람들이 자신들의 불의함에도 (그렇지 않다면 그리스도가 그들의 '의'가 **되실** 필요가 없었을 것이다) 하나님으로부터 의롭다고 여겨질 수 있는 방법이 바로 그리스도라는 것이다. 같은 논지가 고린도후서 5:21에서도 등장한다. 바울은 이렇게 쓴다. "하나님이 죄를 알지도 못하신 이[그리스도]를 우리를 대신하여 죄로 삼으신 것은 우리로 하여금 그 안에서 하나님의 의가 되게 하려 하심이라." '의롭다 하다'라는 동사는 고린도전서 6:11에서도 사용되는데, 이 구절의 문맥을 보면 '의롭다 하심'을 받는(또는 '의롭다'는 선언을 받는) 것으로 일컬어지는 사람들은 분명 '불의한 자'다. 바울은 바로 전에 고린도 교인들에게 "불의한 자는 하나님의 나라를 유업으로 받지 못한다"고 말했다(6:9). '불의한' 자의 다양한 범주를 나열하고서 바울은 계속해서 말한다. "너희 중에 이와 같은 자들이 있더니 주 예수 그리스도의 이름과 우리 하나님의 성령 안에서 씻음과 거룩함과 **의롭다 하심을 받았느니라**"(6:11). 여기서 '의롭다 하심을 받는 것'은 '불의한' 자들이 하나님의 나라에 들어가지 못하게 하는 죄들을 제거함으로써 가능해진다.

고린도에 보낸 서신에서 여기 언급해야 할 본문이 또 하나 있다. 고린도후서 3장에서 바울은 자기 사역의 배경을 이루는 언약을 "의"의 언약이라고 말하며(그것은 '무죄 선언'을 가져다준다) 그 언약을 언약 참여자들에게 "정죄"와 "사망"을 가져다주는 모세 언약과 대비시킨다(고후 3:7-9). 여기서 바울은 왜 모세 언약이 정죄만 하고 무죄 선언을 내려주지 않는지 설명하지 않지만, 다른 데서 쓴 글에 비추어 보면 이 문제에 대한 그의 생각은 분명하다. 모세 언약은 그 율법에 순종하는 이에게는 생명을 약속하고(롬 10:5; 갈 3:12) 불순종하는 이에게는 저주를 내린다(갈 3:10). 따라서 이 언약은 오직 그 아래 있는 모든 이가 언약 규범을 어긴다는 가정 아래에서만 "정죄"와 "죽음"의 언약이 되며(고후 3:7, 9), 물론 이것이 바울의 확신이었다(참고. 롬 8:7-8). "아담 안에서 **모든** 사람이 죽으며"(고전 15:22) 모세의 율법은 이 상황을 해결하기보다는 오히려 죄를 선언할 뿐이다(참고. 15:56). 이와 반대로 새 언약 아래에서 사역하는 바울은 정죄받은 자들에게 의('칭의', '무죄 선언')와 생명의 메시지를 전해 준다(고후 3:9).

요컨대, 고린도 서신에서 '의'(또는 '칭의')의 언어는 고린도 서신과 데살로니가 서신 모두에서 공통적으로 바울의 선교 사역의 핵심이라고 여기는 메시지, 즉 받아 마땅한 심판으로부터 죄인이 '구원받는다'는 메시지와 연결된다. 예수 그리스도의 복음을 통한 '칭의'는 다가올 종말론적 파멸의 메시지가 필연적으로 던지는 문제, 즉 '어떻게 내가 은혜로운 하나님을 찾을 수 있는가?'라는 문제에 바울이 대응하는 한 가지 방식을 나타내는 것이다.

더 논의를 진행하기 전에 한 가지를 강조할 필요가 있다. 바울에게 '의'(또는 '칭의')의 언어는 인간의 죄가 제기하는 문제에 대한 하나님의 해답을 표현하는 단지 **하나의** 방식일 뿐이라는 점이다. 실제로 이 언어는 데살로니가전서에 등장하지도 않는다. 바울이 가장 폭넓고 아마도 가장 흔하게 사용하는 단어는 '구원하다'(saving)와 '구원'(salvation)이다.

> 하나님이 우리를 세우심은 노하심에 이르게 하심이 아니요 오직 우리 주 예수 그리스도로 말미암아 구원을 받게 하심이라. (살전 5:9)

> 십자가의 도가 멸망하는 자들에게는 미련한 것이요 구원을 받는 우리에게는 하나님의 능력이라. (고전 1:18)

이러한 용어는 파멸―신자는 파멸로부터 구조(rescue)되었다―을 강조하지만, 심판을 초래한 원인에 대해서는 아무것도 말하지 않는다. 이 구출(deliverance)에서 바로 심판의 원인이라는 측면을 강조하는 것이 '의'(혹은 '칭의')의 언어다. '유죄'이거나 '불의'해서 정죄받아 마땅한 자들이 그럼에도 하나님으로부터 '무죄 선언'('의롭다 하심을 받다', '의롭다고 선언되다')을 받는 것이다(그럼으로써 파멸을 피한다). 바울은 또한 '화목'(reconciliation)이라는 언어를 사용한다.

곧 하나님께서 그리스도 안에 계시사 세상을 자기와 화목하게 하시며 그들의 죄를 그들에게 돌리지 아니하시고 화목하게 하는 말씀을 우리에게 부탁하셨느니라. 그러므로 우리가 그리스도를 대신하여 사신이 되어 하나님이 우리를 통하여 너희를 권면하시는 것같이 그리스도를 대신하여 간청하노니 너희는 하나님과 화목하라. (고후 5:19-20)

곧 우리가 원수 되었을 때에 그의 아들의 죽으심으로 말미암아 하나님과 화목하게 되었은즉. (롬 5:10)

여기서 요점은, 하나님과 원수 되었던 자들이(그래서 피할 수 없는 위험에 처했던 자들이) 이제 하나님과 좋은 관계('평화')를 누릴 수 있다는 것이다. "구속"(redemption)을 말한다는 것은(롬 3:24; 고전 1:30) 포로로 잡히거나 노예가 되어서 구속을 필요로 하는 상황임을 암시하고, 아마도 하나님이 구출하시기 위해 큰 대가(구속을 위해 지불하는 가격)를 치르셨음도 암시한다. 이 각각의 경우에서 그리스도는 하나님의 해결책이 되는 대리자로서, 하나님은 바로 이 그리스도를 통해 인류를 구원하시고, 의롭다 하시며, 화목하게 하시고, 구속하신다. 비록 이 각각의 단어들이(다른 단어들도 있다)[7] 인류의 문제에 대한 하

---

[7] 신자들은 죄의 지배를 받던 옛 삶에 대해서는 그리스도와 함께 "죽고" 하나님을 섬기는 데서는 그리스도와 함께 "산다"(롬 6장). 그리스도 안에 이전 것을 대체하는 새로

나님의 해결책의 일부를 담아내지만, 바울의 글에 나오는 단어들은 서로 동의어도 아니고 호환 가능하지도 않다. 죄인들은 (화목하게 되는 것이 아니라) 의롭다고 선언된다, 대적 관계에 있는 자들은 (의롭다고 선언되는 게 아니라) 화목하게 된다 등. 이 언어가 은유적이라면 그야말로 살아 있는 은유다.

갈라디아의 딜레마

우리는 갈라디아 교인들에게 쓴 바울의 편지에서 처음으로 분명히 공식화된 칭의 '교리'를 만난다. "사람이 의롭게 되는 것은 율법의 행위로 말미암음이 아니요 오직 예수 그리스도를 믿음으로 말미암는 줄 알므로"(2:16). 또한 여기서 우리는 바울의 편지에서 처음으로[8] 그 논쟁—바울을 따라 갈라디아로 온 선생들이 일으킨—즉 그리스도를 믿는 이방인 신자들이 할례를 받아야 하느냐에 관한 논쟁을 접한다. 분명 바울의 공식은 그 논쟁과 연결되어 있다. 하지만 더 구체적으로 어떻게 연결되어 있는가?

갈라디아 교인들에게 전한 바울의 첫 메시지는 그가 데살로니가 교인들이나 고린도 교인들에게 전했던 메시지, 즉 엉망진창인 인류에게 선고된 파멸에서 구출될 수 있는 하나님의 방법은 바로 그리스도라는 메시지와 거의 다르지 않았을 것이다(참고. 갈 1:4). 바울의

운 피조물이 있다(고후 5:17; 참고. 갈 6:15) 등.

8 고전 7:17-19에는 논쟁이 거의 없다.

편지 어디서도 이방인이 할례를 받고 다른 유대 관행을 지켜야 하는지에 대한 문제를 암시하지 않는다. 추정컨대 바울은 갈라디아에 머무는 동안 이 주제를 꺼내지 않았을 것이다. 만약 그랬다면 바울은 그런 자격 요건을 부정했을 것이고, 그렇게 준비된 갈라디아 교인들은 후에 그런 요구를 하는 자들과 맞닥뜨렸을 때 그들의 주장에 빠져들지 않았을 것이다.

그렇다면 당연히 궁금한 점은, 어떻게 그리스도 안에 있는 갈라디아 교인들에게 할례 요구가 설득력 있게 다가왔는가다. 할례는 그 자체로 보면 행하기 유쾌한 일이 전혀 아니다. 할례는 틀림없이 더 큰 그림의 한 부분으로서 갈라디아 교인들에게 강하게 요청되었을 것이다. 하나님은 아브라함의 '씨'(즉, 후손)를 그분의 백성으로 택하셨다. 시내산에서 하나님은 그들과 언약을 맺으셨다. 하나님의 백성은 그 언약의 율법에 따라 살아야 했다. 그 율법에 할례가 포함되어 있었다. 만약 남성인 사람이 하나님의 백성이 되고 싶다면(그래서 바울이 묘사한 것과 같은 멸망의 위험을 피하고 싶다면) 할례를 받아야 했다. 따라서 바울을 따라 갈라디아에 온 선생들도 충분히 할례의 중요성을 강조했을 법하다.

이 선생들에게 할례의 요구는 예수를 메시아로 보는 인식과 충돌하지 않았다. 이들 역시 유대인을 택하셨던 하나님이 그들에게 메시아를 보내셨다는 '복음'(참고. 갈 1:6)을 선포했다. 이 선생들도 모든 이가 예수를 믿고 그분의 이름으로 세례를 받아야 한다고 생각했다. 하지만 메시아의 오심은 유대적 소망이었다. 그 성취가 유대적 생활 방식을 버려야 할 이유는 전혀 아니었다. 유대교가 모세 언약과 그 율법 아래에서 사는 삶을 의미한다면, 이 교사들은 최근에 유대교 내에서 형성된 분파를, 다만 예수를 메시아로 믿는다는 점에서(그 점만) 다른 유대교와 구별되는 분파를 전파하기 위해 갈라디아에 온 것이다. 이 교사들의 관점에서 보았을 때 모든 하나님의 백성은 여전히 모세의 율법과 언약의 틀 속에서 살아야 했다.

바울의 칭의 교리('누구든지 율법의 행위가 아니라 예수 그리스도를 믿는 믿음으로 의롭다 하심을 받는다')는 바로 이 입장에 반대하는 진술로 만들어졌다. 최근에 이 진술은 바울이 자신의 반대 논증을 시작할 때 사용하는 모두 진술로 종종 이해되었다. '누구든지(즉, 이방인) 율법의 행위(즉, 할례받는 것, 음식법 준수 등)로 말미암아 의롭다 하심을 받지(즉, 하나님의 백성의 일원이 되었다고 선언되지) 않는다…' 따라서 '의롭다 하심을 받는 것'은 '하나님의 백성의 일원이라고 선언되는 것', '언약 안에 있다고 선언되는 것', 심지어 아마도 '하나님의 가족의 일원이라고 선언되는 것'이라는 의미로 이해될 수 있다.

4장에서는 이런 해석들이 의의 언어를 매우 이상하게 바꾸어 표현하고 있음을 보여 주고자 한다. 지금 여기서는, 바울이 실제로 '칭의 교리'를 사용하여 이방인 신자들이 할례를 받아야 한다는 주장에 반박하기는 하지만 2:16의 공식은 바울이 자신의 주장을 성립시키기 위한 **논증**이지 그 주장을 그저 표현한 진술이 아님을 나타내는 정도로 충분할 것이다. 어떻게 그러한가?

데살로니가 서신과 고린도 서신에서 우리가 살펴본 바에 근거하여, 우리는 바울의 칭의 진술이 다음과 같은 의미를 가진다고 생각할 것이다. "사람이(즉, 유대인이거나 이방인이지만 어떤 경우든 분명 죄인이) 의롭게 되는 것은(그리하여 죄인이 받게 될 하나님의 정죄에서 구원받는 것은) 율법의 행위로 말미암음이 아니요(즉, 율법이 요구하는 바를 지킴으로써 그리되지 않는다. 죄인들은 율법을 지키지 않기 때문이다), 오직 예수 그리스도를 믿음으로 말미암는다." 이런 해석은 '칭의'의 언어가 정상적 의미를 유지하게 한다. 정상적 의미란 바울이 자신의 주장을 지지하기 위해 곧바로 가리키는 시편 구절에서 취하는 의미와 같은 의미(이 점에 주목하라)를 말한다. "주의 종에게 심판을 행하지 마소서. 주의 눈앞에는 의로운 인생이 하나도 없나이다"(시 143:2). 이 구절은 바울의 다른 편지에 반영되어 있는 것과 같은 인간의 딜레마를 표현한다. 이 구절은 또한 이방인 신자들이 할례를 받아야 한다는 주장에 대한 훌륭한 응답도 된다. 왜 (바울이 말하기를) 하나님의 임박한 심판을 마주한 인간의 근본적 필요를 해결하지 못하는 제도에 이방인을 종속시키는가? 오직 그리스도를 믿는 믿음만이 구출(혹은 더 구체적으로 '칭의', '무죄 선언')을 가져다준다.

이 책 후반부에서는 이 단어들의 의미를 이렇게 이해하는 것이 옳다고 논증할 것이다. 일단 지금은 바울의 진술을 이렇게 해석하는 것이 갈라디아서 문맥에 잘 맞는다는 점만 보여 주고 싶다.

갈라디아 교인들의 새로운 선생들(논쟁에서 바울의 반대자)은 하나님의 백성이 여전히 시내산 언약의 틀 속에서 살아야 한다고 생각했겠지만 바울은 바로 그 점을 공격한다. 사실상 바울이 주장하는 바는, 할례가 이방인에게 요구되면 안 된다는 것이다. 모세의 체제가 여전히 유효한데 할례만 이방인에게 적용되지 않는다거나 모세의 체제가 여전히 유효하지만 그 체제는 원래 이방인을 위한 것이 아니어서 그런 게 아니라, 바로 모세의 체제 자체가 효력을 상실했기 때문이다. 모세 언약의 시대는 지났다. 상황이 가장 좋았을 때도 모세의 체제를 통해서는 의에 도달할 수 없었다. 죄인들을 의롭게 할 수 있는 방법이 없었기에, 모세의 체제는 저주를 하고 종으로 만들 뿐이었다. 하나님의 계획 속에서 시내산 언약과 율법은 메시아가 와서 그들을 구속할 때까지 하나님의 백성을 보호하는 후견인 역할을 했는데, 이는 중요하지만 임시적인 역할이었다. 그리스도 안에 있는 이방인 신자들이 이제 와서 할례를 받는 것은 재앙이었을 것이다. 이는 유대인에게만 요구되는 율법을 불필요하게 가져와서가 아니라, 그렇게 하는 것은 그리스도를 저버리는 일이기 때문이다. 그리스도의 죽음이야말로 유대인과 이방인이 똑같이 의를 찾을 수 있는 유일한 수단이다. 그리고 할례를 받는 것은 곧 그들을 정죄할 수밖에 없는 언약 아래에서의 삶을 끌어안는 일이다. 이것이 갈라디아서의 기본 논증이다.

이 주장의 중요한 부분들을 간단히 발전시켜 보겠다.[9]

1. 바울이 칭의에 대해서 말할 때, 그는 갈라디아서에서도 다른 편지에서 그랬던 것처럼 어떻게 죄인이 의롭게 될 수 있는지 말한다. 이방인이 죄인이라는 것은 유대인에게 자명했다(갈 2:15). 그러나 만약 베드로와 바울 같은 유대인도 그리스도 안에서 칭의를 구했다면 그들도 틀림없이 칭의가 필요했을 것이다. 그들도 틀림없이 죄인이

---

[9] 더 자세한 설명은 내가 쓴 *Perspectives Old and New on Paul: The "Lutheran" Paul and His Critics* (Grand Rapids: Eerdmans, 2004), pp. 366-384를 보라.

었기 때문이다(2:16). 만약 칭의가 '율법으로 말미암아' 얻을 수 있는 것이었다면 그리스도는 죽으실 필요가 없었다. 그렇다면 분명 그분의 죽음은 죄인이 의롭다 하심을 받을 수 있는 유일한 방법을 나타내는 것이다(2:21). 3:22-24에 따르면, **모든** 사람이 "죄 아래에 가두어"졌으나 "우리가 믿음으로 말미암아 의롭다 함을 얻게 하시려고 그리스도가 오셨다." 그래서 바울의 칭의의 메시지는 특별히 이방인에게만 있는 문제가 아니라 모든 인간의 문제를 다룬다. 베드로와 바울 같은 유대인도 이방인 못지않게 칭의가 필요하다. 인간의 딜레마에 대한 하나님의 해답을 묘사하는 여러 방식 중에서 바울이 지금 왜 의의 언어를 사용하기로 했는지 궁금하다면, 적어도 이것이 그 부분적 이유인 것 같다. 그렇게 함으로써 바울이 성경을 인용할 수 있고 아브라함의 선례를 끌어와 자신의 입장을 지지할 수 있다는 것이다. "아브라함이 하나님을 **믿으매** 그것을 그에게 **의로** 정하셨다 함과 같으니라"(3:6, 창 15:6 인용).

따라서 성경 자체가 믿음이 의로 인도함을 보여 준다. 율법 자체로는 그리할 수 없다. 바울은 그렇게 말하면서(갈 2:21) 이유를 설명하기 시작한다. 율법은 사람들에게 무엇을 해야 하는지 말해 주며, 그것을 이행할 경우 생명을 주겠다고 틀림없이 약속한다. 따라서 율법의 작동 원리는 "[율법이 요구하는 바를] 행하는 자는 [그렇게 함으로써] 살리라"다(갈 3:12, 레 18:5 인용). 하지만 모두가 "죄 아래에⋯ 가두"어져 있어서(갈 3:22) 율법의 요구가 충족되지 못한다(바울이 고후 3:7, 9에서 시내산 언약을 오로지 '정죄'와 '사망'만을 가져다주는 언약으로 말한 것을 기억하라). 바울은 유대인 사이에서 자명하게 여겨지는 주장, 즉 하나님을 섬기려는 마음을 가진 사람들이 불가피하고 안타깝게 저지른 죄들에 대해 율법이 속죄할 방법을 정해 놓았다는 주장을 반박할 필요가 없었다. 만약—바울이 판단한 대로—모두가 죄에 붙들려 있다면, 하나님을 섬기는 진정한 성향을 가진 자는 아무도 없기 때문이다. 반대로, 다른 유대인도 율법이 구제 불능의 죄인을 정죄한다는 바울의 주장을 반박하지 않았을 것이다. 바울이 다른 유대인과 달랐던 부분은 율법의 요구에 대한 이해가 아니라 인간의 죄성에 대한 평가였다. 2장에서 이 주제로 돌아올 것이다.

그렇다면 "사람이 의롭게 되는 것은 율법의 행위로 말미암음이 아니요"(갈 2:16)라는 바울의 선언은 분명 이방인이 할례를 받아야 한다는 것을 부정한다. 그러나 이 진술의 핵심은, 그리고 이방인이 할례를 받지 않아야 하는 **이유**는 하나님의 호의가 율법을 지켜야 축복을 받을 수 있는 조건의 언약 아래에서는 **죄인들**에게 베풀어질 수 없다는 것이다. 실제로 바울의 생각에서 율법의 길이 '믿음'과 '은혜'의 길과 구별되는 지점은 율법의 요구에 순응하는 행위를 요구한다는 점이다.

또 하나님 앞에서 아무도 율법으로 말미암아 의롭게 되지 못할 것이 분명하니 이는 의인은 믿음으로 살리라 하였음이라. 율법은 믿음에서 난 것이 아니니 "[율법이 요구하는 바를] 행하는 자는 [그렇게 함으로써] 살리라" 하였느니라. (3:11-12, 합 2:4; 레 18:5 인용)

율법 안에서 의롭다 함을 얻으려 하는 너희는 그리스도에게서 끊어지

고 은혜에서 떨어진 자로다. (갈 5:4)

2. 그러나 율법의 문제는 단순히 약하다는 것, 즉 죽은 자에게 생명을 주지 못하고 죄인을 의롭다 하지 못한다는 게 아니다(2:1; 3:21-24). 율법은 그 계명을 어기는 모든 이에게 적극적으로 저주를 내린다. "누구든지 율법 책에 기록된 대로 모든 일을 항상 행하지 아니하는 자는 저주 아래에 있는 자라"(3:10, 신 27:26 인용-). 바울은 율법에 종속된 모든 이가 저주의 대상임을 분명히 한다[불가피하게도, 모든 이가 죄의 종노릇을 하기 때문이다(갈 3:22)]. "무릇 율법 행위에 속한 자들은 저주 아래에 있나니"(3:10). 그렇다면 이방인 신자들은 왜 그들에게 저주만 내리는 율법을 지키려는 생각을 했는가?

3. 하나님은 그것을 지키려는 자들에게 저주를 내리는 율법을 도대체 왜 주셨는가? 바울이 3:19에서 볼 수 있듯 이 문제를 제기한 것은, 그가 보기에 율법 자체의 본질과 목적에 대한 근본 문제를 거론하지 않고서는 이방인 신자들이 할례를 받아야 하느냐는 질문에 답할 수 없음을 다시 보여 준다. 그리고 하나님이 율법을 주신 이유를 설명해야 할 필요를 느끼는 바울은 율법이 다른 사람이 부여한 기능을 수행함을 부정하는 바로 그 바울뿐이다. 율법의 목적에 대한 바울의 설명은 정말 하나로 제한된다. 하나님은 죄에 붙들린 자들이 나중에 해방되기 전까지 그들을 감독하시고자, 하나님의 자녀로서 누릴 축복을 물려받기로 되어 있었지만 그때가 올 때까지는 노예와 바를 바 없는 처지에 있는 이들에게 후견인 역할을 하도록 율법을 주셨다(3:21-4:7). 우리의 목적과 관련해서 강조할 점은, 바울

에게 율법의 패권은 임시적이라는 것이다. 율법은 하나님이 아브라함에게 약속을 주신 후 430년이 될 때까지는 효력이 없었으며, 효력이 생긴 후에도 그리스도, 곧 "약속하신 자손"이 오실 때까지만 지속되었다(3:17, 19). "이같이 율법이 우리를 그리스도께로 인도하는 초등교사가 되어 우리로 하여금 믿음으로 말미암아 의롭다 함을 얻게 하려 함이라. 믿음이 온 후로는 우리가 초등교사 아래에 있지 아니하도다"(3:24-25; 참고. 4:4-5; 5:18). 바울에게 분명 모세의 체제는 더 이상 하나님의 백성으로 사는 삶의 틀을 제공하지 못한다. 그렇다면 왜 이방인 신자들은 만기가 지난 율법을 지키려고 했는가?

4. 바울은 아브라함의 두 아들의 어머니들에 대한 풍유적 해석을 자신의 논증에 추가한다(4:21-5:1). 여종 하갈은 모든 사람이 태어나는 정상적 방식으로 이스마엘을 낳는다. 이와 대조적으로 아브라함의 아내 사라가 이삭을 낳은 것은 기적, 하나님의 약속의 성취였다. 바울은 하갈과 사라가 두 언약을 나타낸다고 이해하면서, 종의 신분이 될 수밖에 없는 아이를 낳은 하갈이 "지금 있는 예루살렘"과 일치하는 시내산 언약을 나타낸다고(4:25), 결국 유대인은 유대인 부모 밑에서 (이스마엘이 태어난 것처럼) 정상적으로 태어남으로써 시내산 언약 아래에 있다고 본다. 그리스도를 믿는 자들은 이삭 같은 아브라함의 자녀인데, 보통의 '육신적' 방식이 아니라 하나님의 약속이 성취됨으로써 그렇게 된다(참고. 3:7-8). 바울은 왜 시내산 언약 아래에서의 삶을 종노릇과 연관시키는가? 의심의 여지 없이 이 언약에 속한 자들이 죄 아래에 갇혀 있고 율법의 저주 아래에 있다고 생각하기 때문이다. 그렇다면 왜 이방인 신자들은 그 아래에 있는 자들

을 종으로 만들어 버리는 율법을 지키려고 생각했는가?

모세 언약이 하나님의 백성으로 사는 삶의 틀이라고 믿는 바울의 반대자들은 예수를 믿는 이방인도 할례를 받고 규정된 음식법과 절기법을 준수해야 한다고 주장했다. 바울이 갈라디아 교인들에게 편지를 쓴 것은 이들의 입장을 반박하기 위한 것이지만, 그는 이방인에게 복종하라고 요구되는 이 율법이 인간의 딜레마를 해결하기는커녕 악화시킨다는 점을 보여 줌으로써 그렇게 한다. 율법은 죄인들을 의롭다 하심을 받지 못한 채로, 저주받은 채로, 종의 상태로 둔다. 갈라디아서에서 바울이 하나님에 대한 인간의 책임과 모든 인간이 당면한 딜레마에 관한 (여전히 더 근본적인) 고민을 간과하고 있으며 그저 이방인이 하나님의 백성에 속할 수 있는 방법에 대해서만 신경쓰고 있다고 주장하는 것은 지극히 현대적인 근시안을 가졌을 경우에만 가능하다.

로마와 빌립보에서

이제 로마로 가자.

바울은 (분명) 데살로니가 교인들에게 칭의의 언어를 사용하지는 않았지만, 예수를 믿으면 임박한 파멸에서 구원받을 수 있다는 메시지를 전달했다. 그는 고린도 교인들에게 같은 메시지를 전하며 어떻게 하나님이 '불의한 자들'을 '의롭다 하시는지' 구체적으로 말했지만, 칭의의 용어가 아직 두드러지거나 공식화되지는 않았다. 갈라디아서에서는 칭의의 용어가 두드러지고 공식화되는데, 할례에 대한 논쟁이 이를 촉발시켰다. 로마서에 도달하면 갈라디아에서 겪었던 위기에 대응하기 위해 바울이 동원했던 용어와 공식이 그의 레퍼토리에 완전히 흡수된다. 자신이 세우지 않은 공동체에 쓰는 이 편지에서 바울은 자신이 어디를 가든 부끄럽지 않게 선포하는 복음을 이들에게 선명하게 전하는 것이 중요하다고 생각한다(롬 1:14-16). 복음의 핵심이 여기서는 의의(혹은 칭의의) 언어로 요약된다. "오직 의인은 믿음으로 말미암아 살리라"(1:17, 합 2:4 인용).

그러한 복음이 필요한 것은 인간이—이방인과 유대인 모두—의롭다는 단어의 일반적 의미에서 볼 때 의롭지 **않기** 때문이다. 인간은 마땅히 살아야 하는 방식으로 살지 않았고 그 결과 "하나님의 진노가 불의로 진리를 막는 사람들의 모든 경건하지 않음과 불의에 대하여 하늘로부터 나타난다"(롬 1:18). 바울은 우리가 데살로니가전서에서 들었던 메시지에서 자신의 입장을 조금도 바꾸지 않은 것 같다. 사람들은 "하나님을 알되 하나님을 영화롭게도 아니하며 감사하지도 아니하였다"(롬 1:21). 참 하나님을 인정하기를 거부함으로써 창조주가 아닌 피조물을 경배하게 되었고, 사망에 합당한 행위임을 알면서도 피조물을 경배하고 찬양했다(1:18-32). 바울은 이 모든 것을 모세의 율법을 언급하지 않고 말한다. 하나님은 모든 인간이 어느 곳에 있든지 선을 행하기를 기대하시고 그들의 행동에 따라 심판하시기 때문이다(2:6-11). 모세의 율법은—율법이 주어진 유대인을 위해—하나님이 모두에게 요구하시는 선을 그저 상세히 설명할 뿐이다(2:17-20). 하지만 죄인들이 율법에 전제된 원리—"오직 율법을 행하는 자라야 의롭다 하심을 얻으리니"(2:13)—에 의지해서 살 수는 없다. 그리고 모든 인간이―유대인이나 이방인이나 마찬가지로―죄인이고 세상 전체가 하나님 앞에서 죄가 있기 때문에(3:9-20, 23) 갈라디아서 2:16의 공식이 여기서 다시 등장한다. "율법의 행위로 그의 앞에 의롭다 하심을 얻을 육체가 없나니"(롬 3:20).

불의한 사람들은 오직 비범한 방법을 통해서만 의롭게 될 수 있는데, 하나님이 그 방법을 복음 속에 제공해 주셨다. 바울의 말로 표현하면 복음은 "율법 외에" 나타나는 의를 소개하는데(3:21), 이 말은 단지 이방인이 할례를 받지 않고도 의를 경험할 수 있다는 뜻이 아니다. 유대인 죄인과 이방인 죄인이 모두 똑같이, 의로운 행위에 대한 율법의 요구를 충족시키지 못했음에도 의롭다고 판명날 수 있다는 의미다(참고. 2:17-27; 3:9-18). 그렇기 때문에 그들을 의롭다고 선언하시는 하나님의 행위가 '선물', 즉 하나님의 "은혜"의 표현이라 불린다(3:24).

로마서의 뒤의 장에서도 바울은 의(또는 칭의)의 언어를 똑같은 취지로 반복해서 사용한다. "경건하지 아니한 자를 의롭다 하시는" 하나님을 믿는 자에게는 그의 "믿음을 의로 여기신다"(4:5). 다윗은 죄를 용서받은 자들의 복을 말할 때 "일한 것이 없이[즉, 인간이 보통 의롭다고 여겨지는 데 필요한 의로운 행위가 없어도] 하나님께 의로 여기심을 받는 사람의 복"을 말한다(4:6-8). 여기서 이신칭의의 일차 목적이 이방인이 할례를 받아야 하느냐는 질문에 답하기 위한 것이 아님이 분명해진다. 바울이 "경건하지 않은" 아브라함과 죄인이지만 용서받은 다윗의 칭의를 논할 때(4:1-8), 이들의 칭의 방식이 할례 받지 않은 이방인에게도 열려 있는지 먼저 묻지 않기 때문이다(4:9-12). 답은 물론 이들에게도 열려 있다는 것이다. 믿음의 의는 할례를 받았는지 여부와 상관이 없으며, 모든 것은 아버지 아브라함의 믿음을 가졌는지 여부에 달려 있기 때문이다. 5장에서는 하나님이 "의롭다 하시는" 자들은 "죄인들", 하나님의 "원수들"이며, 이들은 칭의를 통해 "하나님의 진노하심에서 구원을 받는다"는 점을 다시 한번 강조한다(5:6-10). "값없는 선물"로서 주어지는 칭의는 아담의 죄를 통해 모든 인간의 몫이 되어 버린 "정죄"를 상쇄한다(5:16-17). 또다시 우리는 바울 서신 전체에서 묘사된 인간의 딜레마에 대한 해결책이 여기서도 '의'의 언어로 제시되고 있음을 발견한다. "그런즉 한 범죄로 많은 사람이 정죄에 이른 것같이, 한 의로운 행위로 말미암아 많은 사람이 의롭다 하심을 받아 생명에 이르렀느니라. 한 사람이 순종하지 아니함으로 많은 사람이 죄인 된 것같이, 한 사람이 순종하심으로 많은 사람이 의인이 되리라"(5:18-19).

로마서의 또 다른 본문을 살펴볼 필요가 있다. 9장의 마지막 부분과 10장을 여는 구절에서 바울은 "율법으로 말미암은 의"와 "믿음으로 말미암은 의"를 대비한다. 전자의 근본 원리는, 갈라디아서 3:12와 로마서 2:13에서와 마찬가지로, "[율법이 요구하는 바를] 행하는 사람은 [그렇게 함으로써] 살리라"(10:5, 다시 한번 레 18:5 인용)다. 바울은 이스라엘이 이때까지 계속해서 이 방법으로 의를 추구했으나 결코 목표에 도달하지 못했다고 말한다(롬 9:31). 우리가 보아 온 것처럼, 보통 그렇듯 죄인들은 의의 행동을 요구하는 율법의 기준으로는 절대 의롭다고 판명될 수 없다. 좋은 소식이란 자신들의 의를 스스로 세울 수 없는 자들에게 하나님이 의를 제공해 주신다는 것이다. "그리스도는 모든 믿는 자에게 의를 이루기 위하여 율법의 마침이 되시니라"(10:4). 이 의는 "**누구든지 그를 믿는 자**"에게 주어지는데, "유대인이나 헬라인[즉, 이방인]이나 차별이 없"기 때문이다(10:11-12). 하지만 복음에 믿음으로 반응해서 "믿음으로 말미암은 의"를 얻은 자들은 대부분 이방인—의를 추구한다고 알려지지 않은 이들—이었다(9:30; 참고. 10:20). 이 길이야말로 유대인과 이방인 모두 똑같이 의에 도달하는 길이며, 의로 가는 길이 곧 '구원'으로 가는 길이다. "누구든지 주의 이름을 부르는 자는 구원을 받으리라"(10:13).

그렇다면 바울은 로마서에서도, 갈라디아서와 고린도서에서 그랬듯 칭의 언어를 사용해 데살로니가서에 이미 분명히 드러났던 인간의 딜레마에 답하고 있는 것이다. 다가오는 심판 앞에서 어떻게, 어느 누가(유대인이든 이방인이든) '구원'을 얻을 수 있는가? (다시 말해) 어떻게 죄인이 은혜로운 하나님을 찾을 수 있는가? 답은 이것이다. 하나님이 그리스도 안에서 모든 사람을(유대인과 이방인을 똑같이) 위해 칭의를 제공하심으로써 자신의 은혜로움을 나타내신다는 것이다.

바울은 빌립보서 3장에서 율법으로 말미암은 의와 믿음으로 말미암은 의를 다시 대비하며 자신이 한때 율법으로 말미암은 의를 추구했다고 말한다. 그는 그 길을 버렸는데, 그가 말하길 "그리스도를 얻고 그 안에서 발견되려 함이니, 내가 가진 의는 율법에서 난 것이 아니요 오직 그리스도를 믿음으로 말미암은 것이니 곧 믿음으로 하나님께로부터 난 의라"(빌 3:8-9). 바울 자신도 이방인 개종자들과 마찬가지로 믿음으로 의롭다 하심을 받는 것이 문제에 대한 해결책이라고 느낀 것이다. 하지만 그의 경우에는 할례를 받아야 하는지 여부는 문제와 아무 상관이 없었으며, 그가 하나님 앞에 섰을 때 어떤 자로 '여겨질지'가 문제의 전부였다. 그의 목표는 의롭다고 판명되는 것이었으며, 이 목표에 도달하는 두 길이 문제였다. 자신의 율법 준수에 기초한 길과 그리스도를 믿음을 통해 하나님에게서 선물로 주어지는 길. 그는 후자를 택했다.

* * *

죄인이 어떻게 은혜로운 하나님을 찾을 수 있는가? 이 질문은 현대 서양에 한정된 질문이 아니다. 바울의 메시지는 어디서든 이 질문을 불러일으켰다. 하지만 바울이 받은 사명은 위기를 조명하는 게 아니라 심판 아래에 있는 세상에 하나님이 주시는 구원을 제시하는 것이었다. 데살로니가서에서는 용어가 등장하지 않지만 본질적으로, 고린도서에서는 두드러지지 않지만 용어로, 갈라디아서에서는 주제로 나타나고 그 뒤로 규칙적으로 다루어지는 것처럼, 바울의 답은 이것이었다. 그리스도께서 죄인들을 위해 죽으셨기 때문에 그들은 그리스도를 믿는 믿음을 가지면 하나님으로부터 의롭다는 선언을 받는다는 것이다.

2장

Justification
Reconsidered

유대 교리?

1970년대 말에 스웨덴에 있을 때, 스웨덴 저널에 기고할 서평을 위해 신간을 받았다. 난 정식으로 책의 내용을 요약했고(마지막 요약은 아니었다) 저자가 바울을 다루는 방식을 논평했다. 그리고 이러한 관찰로 서평을 마무리했다.

[이 책의] 가장 중요한 기여는 이 주제에 대한 앞으로의 논의에서 유대교에 대한 최악의 묘사 몇 가지는 앞으로 오랫동안 사라지게 하리라는 점이다. 모든 사람이 이 책을 다 읽지 않아도 책의 명성은 퍼져 나갈 것이다. 그리고 학자들은 분명 말을 조심할 것이다. 괜히 말 한마디 잘못했다가 박식한 청중 하나가 옆 사람에게 작지 않은 소리로 "이 사람은 확실히 E. P. 샌더스(Sanders)의 책을 읽지 않았어!"라고 속삭이고 그 말을 들은 사람은 고개를 끄덕이게 될 테니 말이다.[1]

예언의 영이 나를 떠난 지 오래되었지만, 최소한 이 인용문을 쓰던 순간에는 내가 영감을 받았나 보다. 샌더스의 『바울과 팔레스타

---

1 스웨덴어로 쓴 *Svensk Teologisk Kvartalskrift* (1979): p. 133에서 번역했다.

인 유대교』(*Paul and Palestinian Judaism*)[2]는 지난 반세기 동안 쓰인 바울에 관한 책 가운데서 가장 영향력 있는 책으로 흔히 여겨진다. 사도 바울에 대한 이 책의 해석에 대해서는 의견이 많이 갈리지만 이 책이 학술적 논의에서 "유대교에 대한 최악의 묘사"를 사라지게 했다는 점은 모두가 인정한다. 이는 분명 샌더스가 집필한 의도에서 적지 않은 부분이었다. 그는 "많은, 아마도 대부분의 신약학자 사이에 여전히 만연해 있는 랍비 유대교에 대한 견해를 무너뜨리고자" 집필에 착수했다고 말한다(p. xii).[3] 이 과정에서—그리고 이것이 더 핵심에 더 가까운데—샌더스는 칭의에 대한 전통적 견해들이 더 이상 설득력이 없음을 많은 학자에게 납득시켰다. 그 결과 바울 학계에서는 (어떤 이의 묘사에 의하면 코페르니쿠스 혁명에 비견될 만큼) 극적 변화가 일어난다. 이 모든 소란이 무슨 내용인지 이해하려면 먼저 샌더스가 유대교를 다루며 수정한 내용을 살펴보아야 한다.

유대교와 은혜

샌더스는 그가 '무너뜨리려고' 하는 '만연해 있는' 견해의 특징을 이

---

[2] E. P. Sanders, *Paul and Palestinian Judaism: A Comparison of Patterns of Religion* (Philadelphia: Fortress, 1977).『바울과 팔레스타인 유대교』(알맹e). 이번 장 본문에서 언급하는 페이지는 이 책의 페이지다.

[3] 이어지는 논의에서는 내가 쓴 *Perspectives Old and New on Paul: The "Lutheran" Paul and His Critics* (Grand Rapids: Eerdmans, 2004), pp. 341-351에서 말한 내용을 상당 부분 요약하며, 대부분의 페이지는 생략한다.

렇게 묘사한다. "유대교는 자신의 죄의 양보다 더 많은 선행('공로')을 쌓음으로써 구원을 **얻어야** 하는 종교이며[그렇게 보이며], 선행은 자신의 것일 수도 있고 다른 사람에게 남는 선행을 넘겨받을 수도 있다"(p. 38). "심판의 때에 한 사람의 모든 선행은 계수되고 측량되며, 그 사람의 운명은 공로와 죄과를 비교한 결과에 따라 판결이 내려질 것이다"(p. 45). "구원은 선행으로 공로를 쌓아 얻는다"(p. 51). "주된 요소는 행위로 구원을 **얻는다**는 이론이다"(p. 54).

샌더스는 이 견해를 반박하면서, 랍비 문헌에서 선한 행위와 악한 행위를 저울질하는 심판에 관한 이야기를 말할 수 있음을(pp. 128-147), 심지어 어떤 경우에는 현재의 행위를 "공로로" 삼아 "다가올 시대"에 참여한다는 이야기도 말할 수 있음을 인정한다(pp. 133-134, 141, 189). 샌더스는 그런 말들은 설교로 권면하려는 목적으로 한 말이며(pp. 129-130, 139, 141 등) 랍비 구원론의 핵심을 나타내지는 않는다고 주장한다(pp. 139-140, 143, 146 등). 랍비들이 **정말로** 구원을 개인의 행위를 엄격하게 측정하는 데 기초해 받는 것으로 생각했을 리 없다. 그들은 언약 안에 속한 사람 중에서 "비록 그들의 행위가 완벽과는 거리가 멀지 모르지만 기본적으로는 순종하려는 의지가 있는" 모든 자에게 하나님은 자비로우시다고 분명히 믿었기 때문이다(p. 125). 더욱이 하나님은 "[언약 안에 있는 자들을 위해] 하나님과 그분의 언약을 의지적으로 거부하는 경우를 제외한 모든 죄에 대해 속죄의 방법을 정해 주셨다"(p. 157).

하나님은 언약 안에서 언약의 법에 따라 살려는 의지를 보이는 자들에게 자비로우실 것이다. 그러나 샌더스가 주장하는 내용의 핵심, 즉 유대교에서는 행위로 구원을 얻는다고 생각하지 않았다는 점은 이보다 한 걸음 뒤에 있는 다음의 주장과 맞닿아 있다. 하나님이 **이스라엘을 자신의 언약 백성으로 택하셨다는** 것이 이스라엘의 구원의 근거가 되며, 그렇게 택하신 것이 하나님의 은혜라는 것이다. 다시 말하지만, 샌더스는 이보다 더 명백하게 말할 수 없었다. "하나님의 계획에서 사람의 자리는 언약이라는 기초 위에 세워져 있다"(p. 75). "모든 곳에 퍼져 있는 견해는 이것이다. 모든 이스라엘 사람에게는 다가올 세상에 들어갈 자리가 있다. 하나님과 그분의 언약을 부인함으로써 그 자리를 버리지만 않는다면 말이다"(p. 147). "[랍비] 종교의 근본 기초는 하나님이 이스라엘을 택하셨다는 것이다. 회개와 용서라는 주제는, '모든 이스라엘 사람에게는 다가올 세상에 들어갈 자리가 있다'는 이해에 기반한 더 큰 구조 안에서 기능한다. 분명히 이 견해는 하나님의 은혜에 대한 이해에 기초한다"(p. 177). "택하심과 궁극적으로는 구원도 인간의 성취가 아니라 하나님의 자비에 의해 이루어진다"(p. 422). 가장 도발적인(그래서 가장 기억에 남는) 샌더스의 서술은 이것이다. "많은 이가 바울과 유대교가 결정적으로 대비된다고 발견한 지점—은혜와 행위—에서, 바울은 팔레스타인 유대교와 일치한다.…구원은 은혜로 주어지지만 심판은 행위에 따라 내려진다. 행위는 언약 '안에' 남아 있기 위한 조건이지만, 행위로 구원을 얻지는 않는다"(p. 543).

바울에게 그렇듯 유대교에서도 구원은 은혜로 주어지며,[4] 구원

---

4 바울이 유대교만큼이나 '행위에 따라' 이루어지는 심판을 말한다는 주장은 5장에서

받는 자의 '행위'에 대한 보상으로 주어지지 않는다. 많은 사람에게 샌더스의 도발적 주장은 바울의 칭의 교리에 대한 전통적 해석의 기반을 무너뜨리는 것처럼 보였다. 왜 (어떤 이가 주장하기를) 바울이 그 당시 유대인 사이에서 당연하게 여겨졌던 견해를 그렇게 강하게 주장했겠는가? 제대로 보니 유대교가 '은혜의 종교'였다면, 율법주의는 '바울이 발견한 유대교의 문제'였을 수 없다. 바울의 칭의 교리는 틀림없이 다른 것을 표적으로 삼았다. 이 점에서 크리스터 스텐달의 제안이 즉시 설득력을 얻었다. '칭의'는 어떻게 죄인들이 (행위가 아닌 은혜로) 은혜로운 하나님을 찾을 수 있는가에 관한 것이 아니라 이방인이 (할례, 유대 음식법 등을 지키지 않고) 하나님의 백성 안에 들어올 수 있는 조건에 관한 것이다. 새 관점이 탄생했다.

칭의의 의미를 논하려면(4장을 보라) 먼저 수정주의자들의 견해를 지탱하는 토대를 시험해 보아야 한다. 우리는 이미 스텐달이 바울의 1세기 배경과 관련이 없었다고 여겼던 질문―어떻게 내가 은혜로운 하나님을 찾을 수 있는가?―이 사실은 바울의 메시지에 의해 불가피하게 제기되는 문제임을 보았다. 직설적으로 말하면, 스텐달은 학자들을 잘못된 길로 우르르 몰려가게 했다. 유대교에서는 바울과 같은 방식으로 하나님의 은혜를 이해했다는 샌더스의 주장에 대해서도 똑같이 말할 수 있을까?

논할 것이다.

바울과 은혜

바울이 구원을 인간의 행위와 상관없이 오로지 은혜로만 주어진다고 생각했음은 꽤 분명하다.

그리스도 예수 안에 있는 속량으로 말미암아 하나님의 은혜로 값없이 의롭다 하심을 얻은 자 되었느니라. (롬 3:24)

일하는 자에게는 그 삯이 은혜로 여겨지지 아니하고 보수로 여겨지거니와, 일을 아니할지라도 경건하지 아니한 자를 의롭다 하시는 이를 믿는 자에게는 그의 믿음을 의로 여기시나니, 일한 것이 없이 하나님께 의로 여기심을 받는 사람의 복에 대하여 다윗이 말한 바, "불법이 사함을 받고 죄가 가리어짐을 받는 사람들은 복이 있고, 주께서 그 죄를 인정하지 아니하실 사람은 복이 있도다" 함과 같으니라. (롬 4:4-8)

그러나 이 은사는 그[아담의] 범죄와 같지 아니하니, 곧 한 사람의 범죄를 인하여 많은 사람이 죽었은즉, 더욱 하나님의 은혜와 또한 한 사람 예수 그리스도의 은혜로 말미암은 선물은 많은 사람에게 넘쳤느니라.… 한 사람의 범죄로 말미암아 사망이 그 한 사람을 통하여 왕 노릇 하였은즉, 더욱 은혜와 의의 선물을 넘치게 받는 자들은 한 분 예수 그리스도를 통하여 생명 안에서 왕 노릇 하리로다. (롬 5:15, 17)

만일 은혜로 된 것이면 행위로 말미암지 않음이니 그렇지 않으면 은혜

가 은혜 되지 못하느니라. (롬 11:6)[5]

또한 바울은 왜 구원이 은혜로만 주어지는지 궁금해하도록 놔두지 않는다. 하나님 편에서 보면, 하나님은 하나님이시며 그렇게 하시는 것이 하나님이 역사하시는 방식이다.

[에서가 아니라 야곱이 하나님의 약속의 자녀로 정해졌는데] 그 자식들이 아직 나지도 아니하고 무슨 선이나 악을 행하지 아니한 때에, 택하심을 따라 되는 하나님의 뜻이 행위로 말미암지 않고 오직 부르시는 이로 말미암아 서게 하려 하사, 리브가에게 이르시되 큰 자가 어린 자를 섬기리라 하셨나니…그런즉 원하는 자로 말미암음도 아니요 달음박질하는 자로 말미암음도 아니요, 오직 긍휼히 여기시는 하나님으로 말미암음이니라. (롬 9:11-12, 16)

인간 편에서 보면, 사람은 죄인이기 때문에 구원은 은혜로 주어질 수밖에 없다. 사람에게는 하나님이 요구하시는 선을 행하려는 마음과 행할 수 있는 능력 모두가 없다. 바울은 이 요지를 다양한 방식으로 표현한다.

유대인이나 헬라인이나 다 죄 아래에 있다고 우리가 이미 선언하였느니

---

5 바울의 요지는 엡 2:8-10과 딛 3:5-7에서 다시 강조된다. 이 구절의 저자를 누구로 보든 상관없다.

라. 기록된 바, "의인은 없나니 하나도 없으며, 깨닫는 자도 없고 하나님을 찾는 자도 없고." (롬 3:9-11)

우리가 알거니와 무릇 율법이 말하는 바는 율법 아래에 있는 자들에게 말하는 것이니, 이는 모든 입을 막고 온 세상으로 하나님의 심판 아래에 있게 하려 함이라. (롬 3:19)

우리가 아직 연약할 때에 기약대로 그리스도께서 경건하지 않은 자를 위하여 죽으셨도다.…우리가 아직 죄인 되었을 때에 그리스도께서 우리를 위하여 죽으심으로…우리가 원수 되었을 때에 그의 아들의 죽으심으로 말미암아 하나님과 화목하게 되었은즉. (롬 5:6, 8, 10)

한 사람[아담]이 순종하지 아니함으로 많은 사람이 죄인 된 것같이. (롬 5:19)

너희가 죄의 종이 되었을 때에는 의에 대하여 자유로웠느니라. 너희가 그때에 무슨 열매를 얻었느냐? 이제는 너희가 그 일을 부끄러워하나니, 이는 그 마지막이 사망임이라. (롬 6:20-21)

내 속 곧 내 육신에 선한 것이 거하지 아니하는 줄을 아노니, 원함은 내게 있으나 선을 행하는 것은 없노라. (롬 7:18)

육신의 생각은 하나님과 원수가 되나니, 이는 하나님의 법에 굴복하지 아니할 뿐 아니라 할 수도 없음이라. 육신에 있는 자들은 하나님을 기쁘시게 할 수 없느니라. (롬 8:7-8)

바울과 유대교

지금까지는 바울이었다. 그러면 유대교는 어떤가? 샌더스의 주장에도 불구하고 우리가 이제까지 바울의 글에서 본 것과 같은 종류의 진술은 당시 유대 문헌에서 정상적으로 통할 만한 진술이 **아니었다**.[6] 우리는 샌더스의 주장을 더 세심하게 살펴보아야 한다.

그의 주장을 평가할 때는 그가 글을 쓴 맥락과 목적을 염두에 두는 게 중요하다. 그가 묘사한 상황(아마도 자기 자신의 상황에 대한 짧은 묘사도 살짝 첨가해서)에 의하면 유대교에서의 '구원'과 바울이 이해한 구원의 차이를 강조하기 좋아하는 학자들은 오랫동안 유대교에서의 구원이 오로지 행위에 기초한 것으로 요약함으로써 자신들의 입장을 쉽게 지지했다. 마치 인간이 다가올 시대에 들어갈 자리를 '얻어 낼' 수 있는 능력이 있는 것처럼(또한 마치 유대인은 그렇게 함으로써 자신들의 의를 자랑하게 된 것처럼!) 말이다. 그러한 관점에 맞서는 샌더스의 주장은 충분한, 심지어 설득력 있는 반박이다. 유대인 대부분은 자신들이 하나님의 택함을 받은 백성이라는 것, 하나님이 이

---

[6] 내가 쓴 "Paul's Anthropological 'Pessimism' in Its Jewish Context", in *Divine and Human Agency in Paul and His Cultural Environment*, ed. John M. G. Barclay and Simon J. Gathercole (London: T. & T. Clark, 2006), pp. 71-98를 참고하라.

스라엘을 선하게 대하신 것, 하나님이 회개하는 자들의 죄를 기꺼이 용서해 주신 것, 하나님의 선물 가운데 속죄의 예식이 있다는 것 등을 확실히 믿었다. 유대인은 인간에게 하나님의 은혜가 필요함을 절실히 느꼈다. 그들은 자신들의 공로가 하나님이 주신 은혜에 필적하다거나 그 자체로 '구원을 얻기' 충분하다고 생각하지 않았다.

최소한 이 정도까지는 분명하다. 샌더스는 유대교에서 은혜가 수행하는 역할을 바울과 똑같이 이해했다고 주장함으로써 이 요지를 인상 깊게 전달했다. 하지만 샌더스 논의의 세부 사항을 자세히 살펴보면 유대교와 바울이 비슷하다는 주장에는 몇 가지 단서를 달아야 한다. 세 가지를 제시하겠다.

1. 샌더스는 한편으로는 행위나 공로, 또 한편으로는 믿음이나 은혜라는 두 편 사이의 대비가 유대교 고유의 특징이 아니라고 분명하고도 반복적으로 지적한다. 신약학자들은 유대교에서 믿음이 아니라 행위를 통한 구원을 가르친다고 생각했을지 모르지만,

> 행위가 아닌 믿음으로라는 정반대의 대비는 바울의 것이다.…유대교에 대한 바울의 비판이 [이를 잘못 이해한 현대의 학자들에게는] 유대교 자체를 규정하는 역할을 했고, 그렇게 정의된 유대교는 다시 바울의 생각과 대비된다. (p. 4)

랍비들은 '행위를 통한 의'에 대해 바울/루터 같은 문제의식을 가지지 않았다. 그렇기에 출애굽 사건은 공로로 얻은 것이라는 말을 당황하지 않고도 할 수 있었다. 그러나 출애굽을 공로로 얻는다는 것은 확실히

랍비 교리가 아니다. 그저 설명을 위한 장치일 뿐이다. 어떤 이들은 랍비들이 선행적 은혜에 대한 명료한 교리를 개발했다고 생각하겠지만, 그들은 은혜와 공로가 상반된다고 보지 않았던 것 같다. (p. 100)

은혜와 행위는 어떤 식으로도 서로 반대되는 것으로 여겨지지 않았다. 나는 하나님의 은혜가 어떤 식으로든 인간의 노력에 반한다는 견해는 팔레스타인 유대교와 완전히 동떨어진 생각으로 보는 것이 안전하다고 믿는다. 그 이유는 은혜와 행위가 구원으로 가는 양자택일의 길로 여겨지지 않았다는 것이다. (p. 297)

(앞서 보았듯) 바울에게 "은혜로" 된 것은 "행위로" 말미암을 수 없는데, "그렇지 않으면 은혜가 은혜 되지 못하기" 때문이다(롬 11:6). 이 지점에서 고개가 갸웃거리기 시작한다. 어떻게 은혜에 대한 바울의 이 관점이 유대교의 관점과 같을 수 있는가? 유대교에서는 '은혜와 행위'가 '어떤 식으로든 상반된다'고 여기지 **않는다**고 하지 않았는가? 만약 유대인이 은혜와 행위를 구원으로 가는 두 길로 구별 짓지 않았다면,[7] 그들이 은혜가 아니라 행위로 얻는 구원을 믿었다는 옛 관점은 거의 옳을 리가 없다. 하지만 이와 똑같은 이유로, 유대인이 행위가 아니라 은혜로 구원받는다고 생각했다는 주장 역시

---

[7] 그들이 그런 구별을 하지 않았다는 사실을 고려하면 왜 랍비들이(바울은 아니다!) 다가올 시대에 참여하려면 현재의 행동으로 자격을 확보해야 한다고 설교할 수 있었는지 이해가 된다. 만일 유대인이 은혜로 말미암는 구원을 분명히 확신했다면, 그와 다른 요지로 제시하는 설교는 평소보다 못 알아듣는 내용이 되었을 것이다.

동등하게 틀려야 하는 것 아닌가? 우리는 샌더스 덕분에 유대교에서 하나님의 은혜를 중요하게 여겼음을 깨달았지만, 유대교에서 사도 바울과 **똑같은** 정도로 은혜를 중요시했다기에는 샌더스 자신이 우리에게 의문을 가질 이유를 제공한다.

2. 앞서 보았듯, 유대교에서도 '구원'이 하나님의 은혜에 달려 있다는 샌더스의 주장 이면에 흐르는 논리는 다음과 같이 구체화될 수 있다.

(1) 궁극적으로, 구원은 하나님이 이스라엘을 자신의 언약 백성으로 택하셨다는 데 달려 있다. (분명 각 유대인은 언약의 법에 순종하려는 선한 의지를 어느 정도 보여야 언약 안에서 자리를 유지할 수 있었다. 하지만 그때도 참으로 회개하는 자들에 대한 죄 용서가 있었다.)

(2) 하나님의 이스라엘 택하심은 하나님의 은혜를 표현한 행위였다.

(3) 그러므로 구원은 하나님의 은혜에 달려 있었다.

지금 누구든 바울 서신으로 감각이 형성된 자들은 자연스럽게 (2)가 옳다고 생각할 것이다. 즉, 하나님의 이스라엘 택하심은 하나님의 은혜를 표현한 행위로서 택하심을 받은 자들의 '공로'와 전혀 상관이 없다. 하지만 바울과 다르게 은혜와 공로가 상반된다고 보지 않는 자들에게는 이 이해가 자명하게 여겨지지 못했을 것이며, 랍비 문헌이 이를 입증한다. 샌더스가 올바로 인지하듯, 예를 들어 어떤 랍비 문헌에 따르면 하나님이 "이스라엘을 택하신 것은 족장들이나 출애굽 세대 이스라엘에게서 어떤 공로를 발견했기 때문이거나 그들이 미래에 순종해야 한다는 조건 때문이었다"(p. 87).

이는 랍비들이 이스라엘 택하심을 하나님의 은혜로 주어진 선물로 보지 않았다는 뜻인가? 전혀 그렇지 않다. 존 바클레이(John Barclay)는 일련의 중요한 논문을 통해,[8] 선물을 주는 일에 대한 고대의 개념에서는 받는 사람(들)의 자격 여부를 항상 고려했다는 점을 지적했다. 분명 선물은 여전히 선물이었다. 공로로 얻는 것이 아니었다. 하지만 선물은 무분별하게 주어지지도 않았다. 감사할 줄 모르는 사람이나 그냥 허비해 버릴 사람에게 선물을 주는 것은 헛수고였다. 이런 식으로 생각하면 랍비들이 이스라엘이나 이스라엘 족장들의 공로를 언급하며 그것이 하나님이 그들을 언약 백성으로 선택한 요소였다고 주장한 이유를 이해할 수 있다.[9] 하나님의 뜻에 순종하는 데 전혀 관심이 없는 나라에 준다면 그 선물은 낭비되었

---

[8] John M. G. Barclay, "Grace within and beyond Reason: Philo and Paul in Dialogue", in *Paul, Grace, and Freedom: Essays in Honour of John K. Riches*, ed. Paul Middleton, Angus Paddison, and Karen Wenell (London: T. & T. Clark, 2009), pp. 1-21; "Paul, the Gift and the Battle over Gentile Circumcision: Revisiting the Logic of Galatians", *Australian Biblical Review* 58 (2010): pp. 36-56; "Believers and the 'Last Judgment' in Paul: Rethinking Grace and Recompense", in *Eschatologie—Eschatology: The Sixth Durham-Tübingen Research Symposium; Eschatology in Old Testament, Ancient Judaism, and Early Christianity (Tübingen, September, 2009)*, ed. Hans-Joachim Eckstein, Christof Landmesser, and Hermann Lichtenberger, with the help of Jens Adam and Martin Bauspiess (Tübingen: Mohr Siebeck, 2011), pp. 195-208를 보라.

[9] 참고. Barclay, "Paul, the Gift and the Battle", p. 49. "만약 하나님이 족장들에게, 혹은 이스라엘에, 혹은 이스라엘 내의 의로운 자들에게 무엇을 주신다면, 그것은 그가 올바로 주실 줄 아는 분이기 때문이다. 즉, 그분은 적절한, 알맞은, 자격 있는 자들에게 주신다. 특별히 그들이 호의의 대상이 되는 이유가 보통 존재한다. 이것은 선물이지 임금이 아니다. 주어야 한다는 강압이나 등가 계산도 없다. 이것은 개인적이고 오래가는 관계를 나타낸다. 하지만 선물은 적절하게 주어지지 임의로 주어지지 않는다."

을 것이다. 이스라엘은 기꺼이 순종하려는 자세로 선물을 받을 자격을 갖추었다. 그들의 공로에 비해 과분한 하나님의 선물이었긴 하지만 말이다.

(쉽게 이해되는) 이러한 생각에 비추어 보면 바울의 놀라운 강조점, 즉 하나님의 은혜가 완전히 자격 **없는** 자들에게 주어진다는 주장은 더 극명하게 두드러진다. 이제 우리는 바울의 은혜 이해와 모두는 아니더라도 대부분의 비기독교 유대인의 은혜 이해 사이에 존재하는 세 번째, (내 생각에는) 결정적인 대조점을 살펴보아야 한다.

3. 바울이 볼 때, 하나님의 구원의 선물은 하나님을 기쁘시게 하는 '공로'의 어떤 역할도 **필수적으로** 배제하는데, 인간에게 그런 공로를 행할 능력이 없기 때문이다. 인간은 모두 죄인이다. '약하고', '불경건'하며, 하나님의 '원수'다. 그들은 죄의 노예다. 그들의 육신에는 아무 선한 것이 없다. 그들의 사고방식은 하나님께 적대적이다. 그들은 하나님을 기쁘시게 할 수 없다. 이런 말들은 확실히 극단적인데, 3장에서는 바울이 정말 이런 식으로 생각한 것은 아니라는 주장을 살펴볼 것이다. 당장은 바울의 말을 그대로 받아들일 것이다. 바울은 확실히 이렇게 말했으니 말이다!

샌더스 자신도 바울의 독특함을 암시하며 "원죄나 보편적 죄의 개념조차도 대부분의 유대교에서는 찾아볼 수 없다"고 말한다(p. 18).

> 랍비들에게는 기독교에서 말하는 의미의 원죄 교리나 각 사람이 본질적으로 죄인이라는 교리가 없음을 주목하는 게 중요하다. 모든 인간이 죄를 짓는다는 사실은 관찰의 문제다. 인간에게는 분명 반역하고 불순

종하려는 타고난 욕구가 있다. 하지만 이것은 죄의 상태에서 태어나 그 상태에서 벗어나지 않으면 안 되는 것과 같지 않다. 죄는 오직 인간이 실제로 불순종을 할 때 생긴다. 만약 불순종하지 않는다면 죄인이 되지 않을 것이다. 죄를 저지르지 않을 가능성이 존재한다. 불순종하려는 경향성이 있음에도, 인간에게는 순종하거나 불순종할 자유가 있다.

(pp. 114-115)

바울은 왜 다른 유대인과 그렇게 다르게 생각하는가? 물론 우리는 추측할 수밖에 없는데, 자연스럽게 떠오르는 이유는 있다. 만약 유대인이 (이방인에 대해 어떻게 생각하든지) 언약의 법에 순종하려는 기본적 의지를 표하기만 하면(어떤 유대인들은 그보다 높은 기준을 제시했고 다른 이들은 그렇지 않았다) '구원받을' 것이라 믿는다면, 구원을 위해 요구되는 약간의 순종을 해낼 최소한의 능력이 이들에게 있다는 믿음을 자연스럽게 가질 것이다. 추정컨대 바울 자신도 다마스쿠스로 가는 여정에서 삶이 뒤바뀌기 전까지 이렇게 생각했을 것이다. 하지만 그가 예수께서 하나님의 메시아이심을 결국 확신하게 되자, 예수의 십자가 죽음은 자신을 메시아라고 하셨던 예수의 주장들을 무너뜨리기는커녕 메시아를 통해 구속하실 하나님의 계획에서 자리를 찾아야 했다. 그렇다면 인간의 곤경은 유대인들이 상상한 것보다 더 절망적일 수밖에 없다. 인간에게는 언약에서 요구하는 약간의 순종을 할 능력조차 없는 게 틀림없다.…이런 식으로 바울의 생각이 발전했다고 상상해도 무리가 아니다.

하지만 사고가 발전한 과정은 결국 그리 중요하지 않다. 중요한 사실은 바울이 묘사하는 인간의 상태에 따르면 인간은 유대교에서 말하는 것보다 훨씬 더 철저하게 하나님의 은혜에 의존해야 한다는 것이다. 칭의에 대한 이전의 관점들이 유대교를 율법주의로[10] 오해했다고 확신하는 학자들은 자연스럽게 그러한 관점으로부터 거리를 둔다. 하지만 **샌더스와 마찬가지로** 유대교에 인간의 '본질적 죄성'에 대한 교리가 없다고 말하는 게 유대교를 희화화하는 것은 아니다.[11] 어떤 유대인도 **이런** 주장을 모욕으로 여기지 않을 것이다. 반면 바울은 정확히 바로 이 인간의 '본질적 죄성'을 믿기 때문에 인간의 '행위'와 상관없이 오직 은혜로 말미암은 구원만이 가능하다고 주장한다. 유대교에서는 하나님의 은혜를 모르지 않았다. 하지만 그렇다고 바울이 동시대 유대인들의 생각과 다른 방식으로 은혜에 대한 배타적 의존이라는 관점에서 칭의를 이해했음을 부정할 이유는 없다.

---

10 5장에서 보겠지만 사실 바울의 칭의 교리는 유대교 자체를 거부하는 것이 아니라 모세의 율법을 의에 도달하는 길로 여기는 관점에 반대한다.
11 (샌더스가 주장했듯) 랍비 유대교에 관한 한 이 말이 확실히 옳다. 만약 다르게 생각하는 유대인이 있었다면 그들이 예외다. 지배적인 게 아니다.

3장

Justification
Reconsidered

'죄인'에게 그토록 죄가 많은가?

만약 랠프 월도 에머슨(Ralph Waldo Emerson)이 말했듯 "어리석은 일관성은 편협하게 사고하는 자들을 괴롭히는 말썽쟁이 도깨비와 같다"면, 헤이키 라이자넨(Heikki Räisänen)이 쓴 『바울과 율법』(Paul and the Law)[1]에서는 사도 바울이 결코 그런 괴롭힘을 당하지 않았음을 증명하기에 나선다. 이는 최소한 그 책의 의제에 긍정적 의미를 부여하는 것이다. 라이자넨 자신은 문제를 약간 다르게 표현한다. "모순과 긴장은 바울의 율법 신학이 지닌 **일관된** 특성으로 받아**들여져야 한다**"(p. 11). 그는 이런 의제를 염두에 두고 다섯 주제에 대한 바울의 사고를 탐구해 나간다.

여기서 우리의 관심은 세 번째 주제, 바로 사도 바울은 그리스도의 복음으로 변화되지 않은 사람이 선한 일을 행할 수도 있고 행하지 못할 수도 있다고 믿었다는 것이다. 라이자넨이 주장하길, 바울이 이 문제를 성찰하지 않았을 때 그는 그들이 선한 일을 **행할 수 있다**고 생각했고, 이 생각은 바울 서신의 여러 부분에서—자기도 모르게—드러난다(p. 106). 그들이 선한 일을 **행할 수 없다**는 생각

---

1 Heikki Räisänen, *Paul and the Law*, 2nd ed. [Tübingen: J. C. B. Mohr (Paul Siebeck), 1987]. 지금 다루는 부분의 본문에서 언급하는 페이지는 이 책의 페이지다.

은 바울이 그리스도의 구원적 죽음이 "모든 인류를 위해 절대적으로 필요했음"을 논증하면서 어쩔 수 없이 취한 입장이다(p. 108). 나 자신은 (2장에서 제시했듯) 인간의 도덕적 능력에 대한 바울의 비관적 견해가 구속을 위해 하나님의 아들의 죽음이 필요했다는 이해에서 도출된 것이라고 생각한다. 하지만 나는 또한 이 비관적 견해가 라이자넨이 허용하는 정도보다 더 일관되게 바울의 편지에 반영되어 있다고 생각한다. 뒤에서 그 이유를 보여 주려 한다.

하지만 먼저 모순을 제시하는 증거를 살펴보겠다.

인간은 선을 행할 수 없음

내가 할 작업의 가장 간단한 부분은 변화되지 못한 인간—바울의 언어로는 "아담 안에" 혹은 "육신에" 있는 인간[2]—은 선한 일을 행**할 수 없다**는 것이 바울의 확신이라는 증거를 제시하는 일이다. 그들이 선을 **행하지** 않는다는 것은 로마서 3:10-18에 함께 묶여 있는 구약 인용문에서 도출되는 정당한 결론이다.

> 기록된 바 의인은 없나니 하나도 없으며
>   깨닫는 자도 없고
>   하나님을 찾는 자도 없고
>   다 치우쳐 함께 무익하게 되고

---

2 예를 들어, 고전 15:22; 롬 8:8.

선을 행하는 자는 없나니

하나도 없도다.

그들의 목구멍은 열린 무덤이요

그 혀로는 속임을 일삼으며

그 입술에는 독사의 독이 있고

그 입에는 저주와 악독이 가득하고

그 발은 피 흘리는 데 빠른지라.

파멸과 고생이 그 길에 있어

평강의 길을 알지 못하였고

그들의 눈앞에 하나님을 두려워함이 없느니라.

그들이 선을 행하는 게 **불가능함**은 로마서 7장에 분명하게 나온다. 여기서 바울은 1인칭 시점을 사용해 인간의 상태를 대표하여 말한다. "나는 육신에 속하여 죄 아래에 팔렸도다···내 속 곧 내 육신에 선한 것이 거하지 아니하는 줄을 아노니, 원함은 내게 있으나 선을 행하는 것은 없노라. 내가 원하는 바 선은 행하지 아니하고 도리어 원하지 아니하는 바 악을 행하는도다"(7:14, 18-19). 실제로 학자들은 바울이 7:18-19에서 자신이 신자로서 겪는 죄와의 지속되는 사투를 묘사하는지 그렇지 않은지 논쟁한다. 만약 신자의 사투를 묘사하는 것이라면, 신자로서 그 자신이 선을 행할 수 없다고 묘사되는 내용이 불신자에게는 더 잘 적용된다고 결론 내릴 수 있다. 바울은 8:5-8에서 불신자들에 대해 말한다. "육신을 따르는 자는 육신의 일을···생각하나니, 육신의 생각은 사망이요···육신의 생각은 하나님과 원수가 되나니 이는 하나님의 법에 굴복하지 아니할 뿐 아니라 할 수도 없음이라. 육신에 있는 자들은 하나님을 기쁘시게 할 수 없느니라."

변화되지 못한 사람들은 선을 행하거나 하나님의 법에 순종할 수 없다는 취지의 개별 결론보다 더 효과적이고 중요한 것은 그런 결론을 요청하는, 죄와 죄인에 대한 바울의 독특한 이해다. 바울이 볼 때, 아담은 죄를 지어 죄인이 되었지만 다른 인간들은 그들 스스로 먼저 죄를 저질러서 죄인이 된 게 아니라 아담이 대표로 죄를 저지른 행동 때문에 죄인이 되었다. "한 사람이 순종하지 아니함으로 많은 사람[즉, 다른 모든 사람]이 죄인 된 것같이"(5:19). 아담뿐 아니라 아담의 혈통 모두가 에덴의 죄 없던 상태를 잃어버렸다. 그렇게 바울은 죄인으로 전락한 인류의 존재 전부가 죄로 얼룩졌다고 다양한 방식으로 주장한다. 그들은 "죄 안에서"(6:1-2), "죄 아래에서"(3:9; 갈 3:22), 혹은 "죄의 종"으로(롬 6:16-23) 산다. 죄가 그들을 "지배한다"(5:21; 참고. 6:12, 14). 이 각각의 경우 바울이 비유적으로 말하여 인간의 죄성이 마치 인간의 행동을 조종하는 악마적 힘인 것처럼 인격화하고 있는지, 아니면 '죄'를 실제로 악마로 생각하여 사실상 사탄으로 여기고 있는지는 불분명하다. 분명한 것은 바울이 변화되지 않은 인간의 삶에서 죄가 하는 역할에 대해 말할 때, 그는 사람들이 범하는 개별적인 불순종 행위들만을 배타적으로 다루지 않고 심지어 일차적으로 다루지도 않는다. 바울은 오히려 그들이 처해 있는 상태, 즉 그들이 선택의 여지 없이 그저 그 안에서 살아갈 수밖에 없는 영역이나 상황에 대해 말한다. 인간은 그들이 저지르는 각자의 죄로 본다면 서로 다르지만 어떤 인간도, 그리고 인간이 하는 어떤 행동도 죄로 특징지어지지 않는 것은 없다.

바울이 '육신'에 대해 말하는 것을 살펴보면 우리는 다른 길을 통해 똑같은 결론에 도달한다. 어떨 때는 바울이 이 단어를 중립적으로 사용하여 몸을 가진 인간의 삶을 가리킨다. 이런 의미에서 그리스도 자신도 '육신' 가운데 사셨고(참고. 1:3; 9:5), 바울도 신자로서 그렇게 산다(예컨대 갈 2:20). 그러나 바울이 그리스도 밖의 인간을 하나님 및 하나님의 목적에서 멀어진 '죄인들'로 여긴다는 점을 고려할 때, 사도 바울이 **하나님을 적대하는**, 심지어 스스로를 적대하는 인류를 나타내는 가장 특징적인 단어로 '육신'을 사용한다는 것은 놀랍지 않다. 육신에는 아무 선한 것도 거하지 않는다(롬 7:18). "육체의 소욕은 성령을 거스르고"(갈 5:17). "육신의 생각은 하나님과 원수가 되나니"(롬 8:7). 동어 반복이지만, 무엇이든지 육신이 하는 것이 "육체의 일"이며, 바울이 그런 일의 목록을 표본으로 제시할 때 거기에는 어떤 선한 것도 포함되어 있지 않다(갈 5:19-21). 죄의 경우처럼 이런 본문에서 '육신'이 죄로 굽는 인간의 성향을 인격화한 것인지, 혹은 '육신'도 악마적 힘으로 여겨지는 것은 아닌지 묻는 질문이 제기된다. 여기서 이 문제를 더 탐구할 수는 없지만 우리는 바울이 육신에 대해 한 말이 그가 죄에 대해 한 말과 똑같은 결론으로 이끈다고 말할 수 있다. 죄인들은 육신 안에서 선을 행하지 못한다.

이는 물론 그들이 선을 행할 때를 제외하고 그렇다. 인간이 선을 행할 수 있음을 암시하는 본문으로 가 보자.

인류는 선을 행한다

바울은 인간이 마땅히 해야 할 선에 대한 **인식**을 가지고 있다고 확실히 믿는다. 인정하건대, 이에 대해 바울이 아마도 가장 분명히 한 말에서는 인간이 그런 인식에 따라 행동한다고 생각할 아무 이유도 제공하지 않는다. 로마서 1장에서 바울은 "마음에 하나님 두기를 싫어하는" 자들의 성품과 행동을 온전히 부정적으로만 묘사한 후 (1:28-31) 이렇게 결론 내린다. "그들이 이 같은 일을 행하는 자는 사형에 해당한다고 하나님께서 정하심을 알고도 자기들만 행할 뿐 아니라 또한 그런 일을 행하는 자들을 옳다 하느니라"(1:32).

그럼에도 이 부정적 본문이 인간에게 선행에 대한 인식이 있다는 긍정적 요지를 입증하는 유일한 본문은 아니다. 로마서 2장의 논쟁적 구절들을 제외해도 우리는 그 외 여러 구절을 찾을 수 있는데, 이런 구절에서 바울은 **이방인**에게 선한 일에 대한 인식이 있음을 **자신이** 알고 있다는 취지로 지나가며 언급한다. 그는 이방인들이 선행을 아주 좋게 여긴다고 분명히 믿고 있다. 그래서 바울은 반복해서 그의 개종자들에게 "외인에 대하여 단정히 행하고"(살전 4:12) "모든 사람 앞에서 선한 일을 도모하라"고 권면한다(롬 12:17; 참고. 고후 8:21; 또한 롬 14:18). 빌립보 교인들에게 그들의 생각을 "무엇에든지 참되며, 무엇에든지 경건하며, 무엇에든지 옳으며, 무엇에든지 정결하며, 무엇에든지 사랑받을 만하며, 무엇에든지 칭찬받을 만하며", 무엇이든 "덕"이나 "기림"이 있는 것에 집중하라고 독려하면서(빌 4:8), 바울은 도덕 언어를 사용하며 헬레니즘 세계에서 흔한 도덕적 이상을 동원한다. 그리고 바울이 고린도 교회의 신자들 가운데 수치스럽게도 극심한 형태의 음행이 있으며 그런 음행은 이방인 중에서도 볼 수 없는 것이라고 지적하는 것을 볼 때, 바울은 분명 불신자 이방인들이 **어느 정도** 옳고 그름에 대한 인식을 지니고 있다고 생각한다(고전 5:1).

그러나 바울은 또한 최소한 어떤 때에는 변화되지 않은 인간이 실제로 선한 일을 **행한다**고 믿기도 한다.

로마서 2:14-15 해석에는 논란이 상당히 많지만, 바울이 전하는 주된 요지는 내게 충분히 명확해 보인다. 로마서 2장에서 바울은 모든 인간이 죄인임(그는 이런 취지로 1:18-32에서, 또한 특히 3:9-20에서 논증한다)을 주장하려는 게 아니라, 이스라엘에 주어진 하나님의 호의에도 불구하고 유대인과 이방인은 기본적으로 같은 위치에 서 있고 선한 일을 행해야 한다는 같은 요구 아래에 있음을 입증하려는 것이다. 이것이 필수 선행 조건이 되어야 모든 입을 막고 모든 사람이 하나님의 심판 아래에 있을 수 있게 된다(3:19). 따라서 2:14-15에서 바울은 바로 전에 했던 "율법을 행하는 자라야 의롭다 하심을 얻으리니"라는 말에서 잠재적으로 파생될 수 있는 질문에 답한다. 그는 행위를 강조하는 그런 기준이 이방인을 결정적으로 불리하게 만들지 않는다고 주장한다. 이방인은 그들이 준수해야 할 요구 사항을 어떤 구체적 형태로도 받지 못했는데 말이다. 결국, 그들이 사실 율법의 요구를 인식하지 못하는 게 아니다. 그 요구는 그들 마음에 새겨져 있기 때문이다. 그들의 양심이 도덕적 인식에 대한 증거를 제공한다. 그리고—이게 우리의 목적에서 중요한데—이방인의 도덕적 인식에 대한 증거가 그들이 율법을 받지 않았는데도 '율법의 일을 행할' 때 드러난다. 바울이 여기서 '의로운 이방인'에 대해 말하는 게 아니다. 바울의 논증에서는 이방인이 율법의 요구를 인식하고 있다는 것만 보여 주면 되기 때문이다. 이 목적을 위해서 간혹 의의 행위를 한다고 말하는 것은 의의 행위를 하는 습관이나 특징이 있다고 말하는 것과 마찬가지다. '율법의 일을 행'하는 이방인들의 양심이 그들의 행위를 변명하기보다 고발하는 특징을 가진다고 말할 때["고발하며 **혹은** 변명하기**까지** 하며"(accuses or even excuses, 2:15), 개역개정에서는 이 강조점이 제대로 표현되지 않아 직역했다—옮긴이], 분명 바울은 간혹 행하는 의의 행위만을 염두에 두고 있는 것 같다. 그럼에도 중요한 것은 바울이 그리스도의 복음으로 변화되지 않은 이방인에게 도덕적 인식이 있음을 입증하고자 든 증거다. 즉, 적어도 간혹 그들이 선을 **행한다**는 것이다.

이 맥락에서 종종 인용되는 두 개의 다른 본문을 언급할 필요가 있는데, 둘 중 어떤 본문도 간혹 사람들이 생각하는 것만큼 뚜렷한 증거를 제공하지는 않는다. 로마서 2:25-27에서 바울은—여전히 유대인과 이방인이 선한 일을 행해야 한다는 동일한 요구 아래에 있음을 입증하는 가운데—할례가 하나님의 요구를 성취하는 데 필요하지도 충분하지도 않다고 주장한다. 그는 네 개의 이론적 가능성 중에서 세 개를 인용하며 논증을 펼친다.

첫 번째 경우: 만약 할례를 받은 유대인이 율법을 지킨다면 아무 문제가 없다(25상반절).

두 번째 경우: 만약 할례를 받은 유대인이 율법을 지키지 **않는다**

면 그는 할례를 받지 않은 것과 같다. 그는 하나님의 요구를 충족시키지 못했다(25하반절).

세 번째 경우: 만약 할례를 받지 않은 이방인이 율법을 지킨다면 아무 문제가 없다. 사실 그런 이방인이 할례를 받고 율법을 어긴 자보다 더 나은 상태에 있다(26-27절).

네 번째 경우, 할례를 받지 않은 이방인이 율법을 지키지 않는 경우는 바울의 논증에서 유용하지 않기에 언급되지 않는다.

바울이 말하려는 바는 아주 분명하다. 단지 육체적 할례가 아닌 참된 순종이 중요하며 그 순종이 유대인과 이방인에게 동등하게 제시되는 가능성이다. 하지만 우리의 목적을 위해서, 바울이 제시한 예들은 분명 가설적이라는 데 그저 주목하자. 그런 예들은, 할례를 받은 유대인이든 할례를 받지 않은 이방인이든 바울이 조건절에서 말한 조건을 충족시키는 혈과 육을 가진 인간이 실제로 **있다고** 바울이 믿었다는 주장에 대한 근거가 되지 못한다.

빌립보서 3:6에서 바울은 자신이 율법의 요구를 충족시키려고 애썼을 때 그의 "율법의 의"가 "흠이 없었다"고 말한다. 이 선언에서 얼마나 많은 내용을 추론할 수 있는지는 논쟁의 여지가 있다. 이 말을 액면 그대로 이 주제에 대한 바울의 '진짜 생각'으로 받아들이기 전에 두 관찰 사항을 염두에 두어야 한다. 첫째, 문맥에 의하면 바울은 '율법의 의'가 무엇을 말하는지 논하면서, 할례를 선전하는 자들보다 자신이 더 나은 자격 요건을 가지고 있음을 보여 주고 싶어 한다. 따라서 바울이 자신이 수행하는 바의 긍정적 측면과 부정적 측면에 똑같이 주의를 기울이리라고 기대할 상황이 아니다. 둘째,

바울이 자신의 '흠 없는' 의를 주장하는 근거가 되는 자격 요건들을 열거할 때, 그는 그 목록을 '육체에 대한 신뢰'의 표현으로 제시한다 (3-4절). 그것은 선한 것일 수 없다. 더욱이 바울은 자신이 교회를 핍박한 것을 이 "의"를 보여 주는 예라고 했다(6절). 이 또한 선한 것일 수 없다. 이 두 요소는 바울이 정말로 오직 제한되고 왜곡된 관점, 즉 그가 '그리스도를 알기' 전에 가졌던 관점에서(3:8-11) 바라볼 때만 그러한 의를 '흠이 없다'고 여긴다는 점을 암시한다.

하지만 로마서 2:25-27과 빌립보서 3:6에서는 불확실한 증거를 제공하더라도, 로마서 13장에서 바울이 변화되지 않은 인간도 선을 행할 능력이 있다고 믿는다는 것은 모호하지 않다. 여기서 사도는 독자들에게 "권세들에게 복종하라"고 지시한다(13:1). 그는 계속해서 권세들이 선을 도모하고 나쁜 행동을 처벌할 권한을 위임받았다고 설명한다(13:1-4). 사회의 지도자들이 권한을 위임받아 도모하는 선은 아마도 선을 도모하도록 권한을 위임받은 모든 사람에게 있는 가능성이다. 그것은 신자들만이 배타적으로 소유하는 것일 수 없다. 더 나아가, 여기서 바울은 그 당시의 지도자들, 모두 불신자이며 따라서 기독교 복음으로 변화되지 않은 자들이 그들 스스로 선한 일을 도모하려 하지 않는다는 데는 의심의 여지가 없다고 명시한다. 선한 일을 도모하는 것은 틀림없이 그 자체로 선행이기 때문에, 바울이 여기서 변화되지 않은 사람도 선한 일을 행한다고 생각한다는 주장은 두 배의 지지를 받는다.

그래서 바울은 변화되지 않은 인간이 선을 행할 수 있다고 믿으며, 또한 믿지 않는다. 이 두 주장 사이의 긴장은 바울의 생각이 일관되지 않다고 믿는 사람─라이자넨처럼─이나 바울이 자발적으로 생각한 내용과 이따금 교리적 성찰에 따른 압박으로 쓴 내용에는 차이가 있다고 생각하는 사람에게는 아무런 충격으로 다가오지 않는다. 다른 한편, 그런 설명에 대한 대안─이 각각의 분명히 상반되는 진술이 어떤 수준에서는 참이고 의도된 것일 수 있지만 또 다른 수준에서는 그렇지 않을 수 있다는 것─은 인간 의사소통의 매우 일반적인 특징이기 때문에 이 경우에도 적용해서 탐구할 가치가 있다. 여기서는 세 명의 위대한 바울주의자를 간략히 살펴봄으로써 탐구할 것이다. 이들 모두 바울에게서 나타나는 분명한 모순의 양 측면을 유지할 뿐 아니라 이 둘이 어떻게 공존할 수 있는지 설득력 있는 설명을 제공한다. 그 가능성이 인정된다면 둘 모두가 바울의 생각은 아닐 것이라는 말은 더 이상 할 수 없다. 아울러 나는 바울의 생각이 후대의 해석자들과 같은 노선에 있다고 생각할 만한 증거가 있는지 물으며 이번 장을 마무리할 것이다.

아우구스티누스, 루터, 칼뱅

아우구스티누스는[3] 복음으로 변화되지 못한 인간이 실제로 선을 행할지도 모른다는 생각을 오히려 바울보다 더 문제시했다. 바울은 아

---

3 *The City of God* 인용은 마커스 도즈(Marcus Dods)의 번역에서 가져왔다(New York: Random House, 1950). 『신국론』(분도출판사). *The Spirit and the Letter* 인용은 *Augustine: Later Works*, trans. John Burnaby (Philadelphia: Westminster, 1955), pp. 182-250에서 가져왔다. 『영과 문자론』(부크크).

담의 불순종이 우리 모두를 죄인으로 만들었다고 주장할지 모르지만, 아우구스티누스 자신은 그것이 어떻게 발생했는지 상당히 길고 구체적으로, 즉 아담이 죄를 지었을 때 아담 안에 온 인류가 있었다는 점에서, 그뿐만 아니라 원죄와 타락한 본성이 아담에게서 아담의 모든 후손에게 전달되었다는 점에서 그 원리를 설명한다. 변화되지 않은 인간은 그야말로 선을 행하거나 참된 미덕을 나타낼 **수 없다**. 하지만 이따금 그들이 선을 행하거나 참된 미덕을 나타내는 것처럼 보이는데, 아우구스티누스는—바울과 달리—분명 이것을 해결해야 할 문제로 여긴다. 우리의 (아주 제한된) 목적을 위해서 아우구스티누스가 이 문제에 대해 제시하는 세 가지 설명—혹은 한 설명의 세 측면이라고 하는 게 더 낫겠다—을 간단히 살펴볼 것이다.

1. 『신국론』(*The City of God*) 5권의 유명한 대목에서 아우구스티누스는 로마인들의 도덕적 행동의 범위가 악덕에서 미덕에 이른다고 말하지 않는다. 더 저열한 악덕에서 덜 저열한 악덕에 이를 뿐이다(5.13; 참고. 21.16). 그도 **소수**의 로마인들은(참고. 5.12) "지상 상태의 어떤 기준에서 봤을 때 선했다"고 인정한다. 그리고 분명 그들이 가졌던 그런 미덕은 그들이 사는 "지상 도시"에서 "유용"했다. 하지만 그들은 인간의 칭찬에 사로잡혀 있기에 **참된** 미덕에서 떨어져 있다(5.19). 그들이 자신의 "더 저열한 욕망"을 어느 정도 제어했다면 그것은 그들이 가진 "칭찬에 대한 열망 및 영광에 대한 욕망"이 그들에게 동기를 부여했기 때문이다(5.12). 그리고 후자는, 성경의 수많은 본문에 명확히 나타나 있듯 "경건한 믿음에…적대적인" 악덕이다(5.14). 그러니 로마인들에게서 참된 미덕을 찾지 마라. 찾을 수 있는

건 기껏해야 보통보다 덜 저열한 악덕일 뿐이다.

2. 이런 식의 생각과 밀접하게 연결되어 있는 아우구스티누스의 신념은, 참된 의는 의를 기뻐하는 곳에서만 찾을 수 있다는 것이다. 이 신념은 아우구스티누스 관점의 근간이며 그의 글에도 자주 인용된다. 선한 것을 기뻐하는 사람만이 진정으로 선하다. 선을 행하긴 하지만 만약 처벌이 없다면 다르게 행동했을 사람이라면 진정으로 선한 것이 아니다(*Spirit and the Letter* 8.13-14). 선에 대한 참된 사랑은 아담의 후손 중 성령을 받은 신자들 가운데서 발견된다. "만약 진리의 길이 가려져 있다면, 자유로운 선택만으로는 죄라는 결과밖에 낼 수 없다. 옳은 행동과 참된 목적이 분명히 나타나기 시작한다 해도, 그것을 기뻐하고 사랑하지 않으면 여전히 행함도 없고 헌신도 없으며 선한 삶도 없는 것이다. 그것을 사랑하려면 하나님의 사랑이 우리 마음에 널리 비추어져야 하는데, 우리 안에서 솟아나는 자유로운 선택에 의해서가 아니라 우리에게 주어지는 성령을 통해서 그렇게 된다"(3.5).

3. 결국 아우구스티누스는 참된 하나님을 경배하지 않는 곳에서 참된 미덕이 발견되는 것을 그야말로 용납할 수 없다. 정의란 결국 "모든 이에게 마땅히 주어야 할 것을 주는 것이다. 그렇다면 만약 사람이 참된 하나님을 버리고 불결한 악마에게 자기를 내준다면 그의 정의는 어디 있는가? 이것이 모든 이에게 마땅히 줄 것을 주는 것인가? 만약 땅을 구매한 자에게 땅을 주지 않고 그 땅에 대한 권리가 없는 사람에게 준다면 불의한 일 아닌가? 그렇다면 자기를 만드신 하나님께 자신을 드리지 않고 악한 영들을 섬기는 자는 정의로운

가?"(City of God 19.21). 하나님이 올바로 인정되지 않는 데서는 하나님에게서 독립을 선언한 자만심이 미덕으로 보이는 것들을 망쳐 버린다(참고. 14.13). 그것들은 "그러므로 미덕이 아니라 악덕으로 여겨져야 한다"(19.25).

아우구스티누스에게 문제의 핵심은 여기에 있다. "참된 경건-즉, 참된 하나님에 대한 참된 경배-이 없는 어느 누구도 참된 미덕을 가질 수 없다"(5.19). 자신의 창조자이신 하나님을 인정하고 사랑하지 않는 사람들은 근본적으로 무엇인가 잘못되어 있으며, 그 근본적 잘못은 그들이 행하는 명백한 선조차도 제한하고 손상시킨다. 더 구체적으로는, 하나님에게서 독립을 선언한 인간의 마음의 뿌리에 놓인 자만심은 인간의 모든 행위에 동반되어 행위를 더럽힌다. 선을 기뻐하지 않는 자의 어떤 행동도 참으로 선할 수 없으며, 선에 대한 사랑은 하나님을 사랑하지 않는 곳에서 발견되지 않는다. 따라서 변화되지 않은 인간이 행하는 미덕으로 보이는 행위는 사실 찬란한 악덕이다.

루터는 더 간단하게 다룰 텐데, 그의 『선행에 관한 논고』(Treatise on Good Works)[4]에서 십계명의 첫째 계명에 대한 그의 설명에 집중하고자 한다. 루터의 관점에서 "너는 나 외에는 다른 신들을 네게 두지 말라"(출 20:3)라는 첫 계명은 오직 믿음으로 성취될 수 있다. 루

---

[4] 인용은 *Treatise on Good Works*, in *Luther's Works* 44, ed. James Atkinson (Philadelphia: Fortress, 1966), pp. 15-114에서 가져왔다. 지금 논의에서 언급하는 페이지는 이 책의 페이지다.

터는 이 계명을 다른 말로 바꾸어 이렇게 표현한다. "나 홀로 하나님이니 너는 너의 모든 자신감, 신뢰, 믿음을 나에게만 두고 다른 어떤 이에게도 두지 말라." 그는 이어서 설명한다. "당신이 입술로 하나님을 [그저] 겉으로만 부르면 당신에게는 하나님이 없다.…하지만 [오직] 당신이 마음을 다해 그분을 신뢰하고 모든 선, 은혜, 호의를 주시도록 그분을 바라본다면"(p. 30), 당신이 하는 모든 일과 삶의 모든 상황—하나님이 진노하신 것처럼 보이고 그분의 선하심과 호의가 그 뒤에 가려져 있는 고난의 때를 포함하여—에서 그렇게 한다면(p. 28), 그러한 "믿음과 자신감"은 그것이 오직 "그리스도의 피와 상처와 죽음에서 흘러나올 때" 발견될 수 있다. "이 가운데서 하나님이 당신을 위해 자기의 아들을 주실 정도로 당신에게 아주 호의적인 마음을 가지고 계심을 깨닫는다면 당신의 마음 또한 하나님에 대해 애틋하고 호의적으로 되어야 마땅하다. 이렇게 당신의 자신감은 순전한 선의와 사랑으로부터 자라나야 한다. 하나님의 마음이 당신을 향하고, 당신의 마음이 하나님을 향한다"(p. 38).

그런 믿음이 있을 때 하나님의 첫째 계명이 성취되며 우리가 무엇을 하든지—먹든지, 마시든지, 자든지, 휴지를 줍든지—하나님을 기쁘시게 한다. "이러한 행위[=믿음] 속에 모든 선행이 존재하고, 이 행동들은 믿음으로부터 선을 빌려 온다"(p. 24). "믿음만이 다른 모든 행위를 선하고 받을 만하며 가치 있게 만드는데, 믿음은 하나님을 신뢰하는 것이기 때문이다"(p. 26). 반대로, 첫째 계명 "에서 다른 모든 계명이 나오고, 첫째 계명 안에 그것들이 존재하며, 첫째 계명으로 그것들이 판단되고 평가되기" 때문에(p. 30), 믿음이 없이는 다른 어떤 계명도 적절히 지켜질 수 없고 참으로 선하거나 하나님을 기쁘시게 하는 어떤 행동도 생겨날 수 없다. 믿음이 없다면 행위는 "아무것도 아니며 완전히 죽은 것이다"(p. 24).

모든 때에 하나님을 신뢰하지 않고 살아 있을 때든 죽어 갈 때든 그들이 행하고 겪는 모든 일에서 하나님이 그들에게 베푸시는 호의와 은혜와 선의를 보지 못하며, 오히려 하나님의 호의를 다른 것들이나 심지어 자기 자신을 위해 구하는 사람들은 첫째 계명을 지키지 않는다. 오히려 그들은 우상숭배를 하는 것이다. 그들이 모든 나머지 계명을 행하고 더 나아가 모든 성인의 온갖 기도, 금식, 순종, 인내, 순결, 순수함을 가진다 하더라도 마찬가지다. 최고의 행위가 없기 때문에, 그 행위 없이 다른 모든 것은 아무것도 아니며, 그 행위가 뒤에서 받쳐 주지 않으면 다른 모든 것은 그저 엉터리, 쇼, 가식일 뿐이다. (pp. 30-31)

칼뱅(John Calvin)도 동일하게 간단히 다룰 것이다.[5] 칼뱅은 변화되지 않은 인간 사이에서도 일종의 선이 발견될 수 있음을, 만약 하나님을 그 선의 근원으로 인정한다면 그러함을 거리낌 없이 긍정한다. 타락한 인간 가운데서조차 우리는 "다른 모든 피조물로부터 인류를 구별하는 하나님 형상의 어떤 남아 있는 흔적을" 볼 수 있다

---

5 칼뱅의 *Institutes of the Christian Religion* 인용은 존 맥닐(John T. McNeill)이 편집하고 포드 루이스 배틀스(Ford Lewis Battles)가 번역한 판본(Philadelphia: Westminster, 1960)에서 가져왔다. 『기독교 강요』(CH북스).

(*Institutes* 2.2.17; 참고. 1.15.4). 더욱이 하나님의 은혜는 인간의 타락을 내적으로 억제하는 영향력을 발휘하여 사회 안에서 어느 정도의 질서를 보존한다(2.3.3). 그렇기에 "티투스와 트라야누스가 보인 정의, 절제, 공평과 칼리굴라나 네로나 도미티아누스가 보인 광기, 무절제, 야만"을 구별하는 "일반적 판단을 반대할" 이유가 없다(3.14.2).

그럼에도 티투스나 트라야누스의 행동은 "미덕"이라기보다는 "미덕의 형상"이다(3.14.2). 그 행동이 우리에게 "순전해" 보이는 것은 그들이 우리가 비교하는 "커다란 부도덕"에 비해 "약간 덜 지독하기" 때문이다(1.1.2). 그런 명백한 미덕 가운데서 칼뱅이 바라보는 문제들은 아우구스티누스가 주목했던 것들이다.[6] 첫째, 동기의 문제가 있다. "어떤 사람은 수치심에 의해 수많은 종류의 추악한 행동이 번져 나가지 못하게 억제되고, 다른 사람은 법에 대한 두려움에 의해 억제된다.…반면 어떤 사람은 정직한 삶의 방식이 유익하다고 여기기 때문에 어느 정도 그런 삶을 추구한다. 또 다른 사람은 평범의 기준을 넘어서서 자신의 탁월성을 통해 나머지 사람들을 자신에게 복종시키려고 한다"(2.3.3). 다시 말하지만, 아우구스티누스가 지적한 것처럼 문제의 근본은 한편으로는 인간의 자만심, 또 다른 한편으로는 하나님과 상관없이 행동하는 것이다. "아무리 탁월하다 해도 그 자신의 야망이 항상 그를 밀고 나간다. 이 흠이 모든 미덕을 더럽히기 때문에 그는 하나님 앞에서 아무 호의도 받을 수 없다. 그렇기에 불경한 자들이 가진 칭찬받을 만하게 보이는

---

[6] 실제로 칼뱅은 여기서 아우구스티누스에게 빚을 졌다고 인정한다(*Institutes* 3.14.3).

어떤 것도 무가치하게 여겨져야 마땅하다. 게다가 하나님을 영화롭게 하려는 열심이 없는 곳에는 올바름의 주요 요소가 존재하지 않는다"(2.3.4). 만약 사람이 "십계명의 두 번째 돌판의 규율(즉, 다른 인간과의 관계에 관한 십계명의 계명)에 대한 이해"를 어느 정도 보인다면 그것은 그들이 시민적 질서의 필요성에 대한 의식을 어느 정도 가지고 있기 때문이다. 타락한 인간에게서는 십계명의 첫째 돌판 준수, 즉 그리함으로써 하나님께 마땅히 드려야 할 것을 드리는 일을 발견할 수 없다(2.2.24; 참고. 2.2.13). 아우구스티누스와 루터와 마찬가지로 칼뱅도 이것을 치명적 결함으로 본다. "당신이 하나님의 손으로 지으신 작품이기에 창조의 권리로 하나님께 속하고 그분의 명령에 결속되어 당신의 생명을 하나님께 빚지고 있음을 직접적으로 깨닫지 못한다면, 하나님의 생각이 어떻게 당신의 정신에 침투할 수 있겠는가?…지금 확실히 도출되는 결론은 이것이다. 하나님의 생각이 우리가 따라 살아야 하는 법이어야 함을 이해하면서 하나님을 섬기는 마음으로 살지 않는다면 당신의 삶은 사악하게 타락한 것이다"(1.2.2).

바울을 다시 생각하다

바울처럼, 바울의 글을 해석한 이 해석자들은 복음으로 변화되지 않은 인간은 (진정으로) 선을 행할 수 없다고 확신한다. 바울과 달리, 이들은 변화되지 않은 자들이 보이는 분명한 미덕이 참된 미덕과 구별되는 점은 그들이 하나님께 마땅히 드릴 것을 드리지 않는 것임을 상세히 설명한다. 하나님을 경배하지 않는 곳에서는 무언가 근본적인 것이 어긋나 있고, 그렇지 않았다면 선할 수 있었던 것들이 그로 인해 엉망이 된다.

원칙적으로 이는 확실히 설득력 있고 받아들일 만하다. 도덕적이고 영적인 영역에서 볼 때, 하나님을 인정하지 않는 것은 마치 신체 영역에서의 허리 통증과 같다. 우리가 하는 모든 일에 영향을 미치고 심지어 일을 망치기도 한다. 도덕적 차원을 고려한다면 더 가까운 유비는 '자녀를 돌보지 않는 아빠'의 경우일 것이다. 그는 호화롭게 사는 반면 그가 부양할 책임이 있는 가족들은 어렵게 산다. 그런 아빠가 자기 자녀의 양육비로 써야 할 돈을 보이스카우트에 기부한다면, 우리는 그의 자선 행위를 무조건 선하다고 여기지 않을 것이다. 이와 유사하게, 인간의 가장 근본적인 책임이 하나님과의 관계에 있다면, 그 관계가 제대로 되어 있지 않을 때 미덕이라 주장하는 어떤 것도 손상될 수밖에 없다. 이것이 아우구스티누스, 루터, 칼뱅의 생각이었다. 바울도 이렇게 생각했다고 믿을 근거가 있는가?

바울의 편지는 비조직적 성격을 가지고 있어서, 그의 신학을 재구성하려는 모든 시도에서 벌어진 틈을 마주할 것이다. 이 틈을 메워 그림을 그리는 게 중요한 사안이지만, 정작 현존하는 바울의 글은 말이 없다. 불가피하게도 학자들은 이 간격을 메우려는 시도의 정당성을 서로 다르게 평가한다. 이 특별한 경우에, 나는 두 바울 본문을 제안하려 한다. 어느 본문도 우리의 문제를 직접 다루지는 않지만 그럼에도 사도의 생각이 아우구스티누스, 루터, 칼뱅의 생각

과 맥을 같이한다고 믿을 만한 이유를 제공한다.[7]

로마서 1장에 따르면, 인류의 근원적 죄는 하나님을 영화롭게 하지 않는 것이다. 다른 죄들은 "하나님이 [사람들을] 내버려 두셨는지" 설명하고자 열거한 예이며, 하나님이 그들을 내버려 두신 것은 그들이 "하나님을 알되 하나님을 영화롭게도 아니하며 감사하지도 아니하"였거나(21절), "마음에 하나님 두기를 싫어하였기" 때문이다(28절). 그렇다면 후대의 바울 해석자들 못지않게 바울에게도 인간의 선을 평가하는 중요한 기준은 하나님이 마땅히 받으셔야 할 경배를 받으시는지 여부다. 자신들의 가장 근본적인 의무를 다하지 않는 자들이 행하는 개별 행동의 도덕적 가치를 평가한다는 것은 말도 안 된다. 복음서를 인용하면, "이와 같이 좋은 나무마다 아름다운 열매를 맺고 못된 나무가 나쁜 열매를 맺나니, 좋은 나무가 나쁜 열매를 맺을 수 없고 못된 나무가 아름다운 열매를 맺을 수 없느니라"(마 7:17-18). 이러한 관점에서 볼 때, **어떤 수준에서는** 변화되지 않은 인간이 보이는 특정 행위의 적절성이 인정되면서 그와 동시에 **더 깊은 수준에서는** 그들이 참된 선을 행할 능력을 부정하는 것이 완전히 합리적으로 인정된다.

또 다른 본문은 로마서 14:23이다. "믿음을 따라 하지 아니하는 것은 다 죄니라." 문맥을 보면 바울은 변화되지 않은 자들이 아니라 신자들에게 말하고 있다. 이들은 어떤 종류의 행동에 대해 거리

---

[7] 사실 이 바울 본문들이 후대의 바울 해석자들의 생각을 인도했다고 믿을 만한 이유가 있다.

낌을 가지고 있고 바울은 그 행동 자체로는 아무 문제가 없다고 주장하는 상황이다. 그래서 로마서 14장의 문제는 우리가 다루는 문제는 아니다. 하지만 그래도 23절에서 밝히는 다음의 원칙은 우리의 문제와 관련이 있어 보인다. 행위 자체만 보면 다르게 평가될 수도 있겠지만, 저변에 깔린 인간의 태도가—그것이 믿음의 태도든 아니든—행위의 도덕적 가치를 결정한다.

* * *

인간은 **도덕적** 존재로 지어졌기 때문에 상대적으로 선한 행동을 통해 자신의 근원과 본성의 증거를 드러낸다는 것, **그리고** 인간이 하나님으로부터 멀어졌기 때문에 결국 참된 선을 행할 수 없다는 것, 바울이 이 둘 모두를 믿지 **않았다고** 여긴다면 이상할 것이다. 전자를 암시하는 본문이 있다고 해서 후자를 강조하는 바울의 말을 심각하게 받아들이지 않을 이유는 없다. 그러므로, 선을 행할 수 없는 죄인은 **오직** 하나님의 은혜로 예수 그리스도를 믿는 믿음을 통해서만 의롭다 하심을 받는다고 바울이 주장할 때 이를 심각하게 받아들이지 않을 이유가 없다.

4장

Justification
Reconsidered

믿음으로 의롭다 하심을 받음

이미 262페이지¹까지 썼지만 아직 200페이지 가까이 남아 있었다. 독자가 계속 읽게 하려면 이쯤에서 논의를 약간 가볍게 전개하는 게 좋을 것 같았다. 중요한 내용에 진입하고 있었기 때문에 독자가 계속 읽게 하고 싶었다.

게다가 내가 말하려던 내용은 바울이 이해한 '의'를 다루는 어떤 논의에서건 말해야 하는 내용이었고—바로 그 이유로—실제로 바울이 이해한 '의'를 다루는 **모든** 논의에 등장한다. 즉, 헬라어에서는 보통 '의롭다 하다'(justify)라고 번역되는 동사가 '의로운'(righteous)이라고 번역되는 형용사 및 '의'(righteousness)라고 번역되는 명사와 연관되어 있다는 것이다. 이 말을 좀 새롭게 할 수 있는 방법을 원했다. 그래서 "게임을 한번 해 봅시다" 하는 (취지의) 제안을 했다. "'의로운'에 해당하는 헬라어 단어를 영단어 '디카이오스'(dikaios)라고 해 봅시다. 이것의 동족 명사를 영단어 '디카이오스네스'(dikaios*ness*)라고 만들고, 이것의 동족 동사를 '디카이오시파이'(dikaios*ify*)라고 합시다. 이렇게 하면 이 단어들의 연관성을 놓치지 않을 수 있습니

---

1 나의 책 *Perspectives Old and New on Paul: The "Lutheran" Paul and His Critics* (Grand Rapids: Eerdmans, 2004)의 페이지다.

다(그러고 보니 이 새로운 게임이 어떻게 끝날지 궁금해 계속 읽고 싶은 유혹이 생기겠네요)." 그때는 이것이 좋은 생각 같았다.

"이 참담한 제안"(내가 그렇게 불렀다)이 이르기까지 앞서 말한 모든 것은 정말로 이런 단어들을 사용하자는 게 아니라 "여러분, 이거 농담이니까 진지하게 받아들이지 마세요"라는 요점을 전달하려는 의미였다. 내가 진지하게 말하지 않았음은 명백하다. 이 주제에 대해 광범위하게 글도 쓰고 강의도 했지만, 그 어디서도 '디카이오스네스'와 '디카이오시파이' 같은 괴이한 신조어를 언급할 생각조차 하지 않았기 때문이다. 아, 농담이 성공하지 못해서 농담인 줄 모른 것인데(전에도 이런 일이 있었다), 내 책의 다른 부분은 진지하게 읽지 않는 사람들이 이런 제안은 진지하게 받아들인다. 그리고 내 제안이 '참담하다'거나 이와 비슷한 형용사를 써 가며 내 논증을 외면해 버린다.

왜 이런 아픈 경험을 다시 거론하는가? 상기함으로써 최소한 바울이 이해한 '의'라는 나의 논의 주제에 대한 '소개 파트'가 해결되기 때문이다. 이렇게 하면 '의롭다 하다'로 번역되는 헬라어 단어가 '의로운'과 '의'라는 단어와 연관되어 있다는 설명을 따로 하지 않아도 된다. 그 대신 나는 바울이 그 단어들을 어떻게 사용하는지에 대한 완벽하게 정상적인 논의를 바로 진행할 수 있다. 이 평범한 논의를 약간 비틀기 위해, 나는 내 논증을 N. T. 라이트(Wright)와의 대화 속에서 발전시킬 것이다. 라이트의 견해는 어떤 점에서 나의 참담한 제안만큼이나 새롭다. 하지만 내 참담한 제안과 달리 라이트의 견해는 진지하게 살펴보아야 한다.

라이트가 이해한 의

라이트는 칭의에 관한 그의 최근작[2]을 쓰기 전에 "구할 수 있던 모든 신학 사전과 성경 사전의 글"을 참고했는데 그가 "거듭거듭" 알게 된 사실은 어떤 글도 그가 생각하기에 "바울의 교리에서 핵심이 되는 요소들"—특히 "이스라엘의 언약 이야기 전체"—을 언급하지 않았다는 것이었다고 말한다(pp. 31-32, 82). 따라서 우리는 칭의라는 용어를 이스라엘의 언약과 이야기에 연결하는 이 흔치 않은 칭의 해석의 결과물이 어떨지 기대하게 된다. 라이트가 들려주는 이스라엘 이야기(이 이야기도 독특하다)를 간략하게 말하면 다음과 같다.

아담의 죄가 이 세상에 죄와 사망을 가져왔다. 마르키온(Marcion), 2세기 '영지주의자들', 그들의 알려진 후계자들과 알려지지 않은 후계자들을 제외하면, 그리스도인들은 항상 아담의 죄가 끼친 악영향을 극복하는 하나님의 계획이 아브라함과 함께 시작하고 이스라엘 백성을 통해 진행된다고 이해해 왔다. 아브라함은 그의 '씨'(예수 그리스도)를 통해 모든 민족이 복을 받으리라는 약속을 받았다. 이스라엘은 모세 율법을 받았다. 율법에는 모든 곳에 있는 모든 사람이 마땅히 지켜야 할 (전통적으로 '도덕적'이라 불리는) 계명들이 있었고, 그리스도의 사역을 예시하고 그 사역을 이해하는 해석적 틀을 제공하는

---

[2] N. T. Wright, *Justification: God's Plan and Paul's Vision* (Downers Grove, Ill.: IVP Academic, 2009). 『톰 라이트, 칭의를 말하다』(에클레시아북스). 이번 장 본문에서 언급하는 페이지는 이 책의 페이지다.

(이스라엘에만 독특하게 적용되는, 전통적으로 '의식적'이라 불리는) 계명들도 있었다. 더 나아가, 이스라엘은 한 분의 참 하나님을 예배할 수 있었다. 선지자들은 이스라엘로 보내져 주의 길을 예비하였다. 그리고 물론, 이스라엘 가운데 그리스도께서 태어나 자라셔서 하나님 나라의 복음을 퍼트리며 그 나라의 능력을 보이시고, 거절당하시고, 죽으시고, 다시 살아나셨다. 하나님의 구속 계획에 대한 전통적 이해에는 항상 이스라엘의 자리가 있었다.

이 이야기에 대한 라이트의 버전에서는, 하나님이 아브라함과 맺은 언약을 통해 이스라엘이라는 한 나라의 백성에게 아담의 죄를 되돌리라는 과업을 주신다. 이스라엘은 (앞서 아담이 했던 것과는 다르게) 하나님의 명령에 순종하는 "참된 아담"이 되어서 첫 아담의 죄가 초래한 결과를 반전시켜야 했는데, 이것은 세상을 구하는 하나님의 계획에서 "아주 중요하고 핵심적인 역할"이었다(p. 244; 참고. p. 68). (여기서 라이트는 사실상 바울이 롬 5:15-19에서 그리스도가 이루셨다고 말한 것을 이스라엘 국가의 과업으로 말한다. 물론 이 과업을 궁극적으로 성취하는 것은 그리스도임을 부인하지는 않는다.) 라이트는 이 사명에 대한 전거를, 유대인들이 하나님의 율법을 통해 자신들을 "맹인의 길을 인도하는 자요, 어둠에 있는 자의 빛이요…어리석은 자의 교사요, 어린아이의 선생"이라고 스스로 믿는다는 바울의 말에서 찾는다(롬 2:17-20; 참고. p. 198). 이 구절들을 보면, 바울이 유대인은 이방인에게 그들의 상호 도덕적 책임이 무엇인지 알려 줄 위치에 있다고 믿었다는 건 분명하다. 하지만—적어도 내게—불분명한 점은, 이들이 그렇게 책임을 완수했다 해도 어떻게 인간의 죄가 극복되느냐는 것이다. 바울이 로마서 3장 시작 부분의 구절에서 이스라엘의 "불성실함"을 말할 때, 라이트는 이를 이스라엘에 주어진 사명에 대한 불성실함을 특정하여 가리키는 것이라고 이해한다(pp. 104-105, 124, 198).

물론 이렇게 이해하면 하나님의 계획은 실패할 운명을 가지고 시작하게 된다. 라이트는 이스라엘이 아담의 죄가 초래한 결과의 영향을 받았으며[3] 따라서 하나님의 계명을 지킴으로써 아담의 죄를 되돌릴 수 있는 위치에 있지 못함을 옳게 인정한다. 오히려 이스라엘은 율법을 어김으로써 신명기 28장과 29장에 나와 있는 언약의 저주를 자초했다(여기서 라이트는 전통적 견해를 나타낸다). 이 저주 아래에서 1세기 유대인들이 살고 있었다[라이트의 독특한 표현으로는, 이스라엘의 "포로기"가 지속되었다(p. 61)].

라이트는 누구 못지않게 그리스도의 십자가와 부활이 하나님의 구속 계획의 절정을 나타낸다고 주장한다. 하지만 이스라엘의 이야기에 대한 그의 독특한 해석의 일부 요소가 그리스도의 구속 사역에 대한 그의 이해에 딸려 온다. 전통적 입장에서는 그리스도께서 희생적 죽음을 감당하실 때 대표적 인류가 되신다고 믿는 반면(참고. 고후 5:14-15), 라이트의 서술에서 그리스도는 처음부터 대표적 이스

---

3 "이스라엘을-통해-세상을-구하는-단일-계획에는 항상 문제가 따를 수밖에 없었는데, 특히 '이스라엘을-통해' 이룬다는 점이 문제였다. 이스라엘은 모두가 죄된 인간으로 구성되어 있고 이들은 나머지 인류만큼이나 구속이 필요한 자들이었기 때문이다"(p. 126); "**하나님의 단일 계획은 이스라엘을 통해-(이스라엘-또한-문제의-한-부분이긴-했지만)-세상을-구하는-것이었다**"(p. 196; 라이트 강조 및 붙임표).

4장 믿음으로 의롭다 하심을 받음

라엘이었다.⁴ 이스라엘의 대표로서 그분께서는 이스라엘 국가가 수행하지 못했던 과업을 이루셨을 뿐 아니라(p. 104) 이스라엘이 과업을 수행하는 데 실패함으로써 초래된 저주를 자기 자신이 짊어지셨다(pp. 124-125; 참고. pp. 105-106, 121). "예수 그리스도의 믿음"(faith of Jesus Christ)이라는 바울의 모호한 표현은(롬 3:22; 갈 2:16) 전통적으로 "예수 그리스도를 믿는 믿음"(faith in Jesus Christ)이라고 옮겼지만, 문법적으로는 "예수 그리스도의 신실하심"(faithfulness of Jesus Christ)이라고 번역하는 것도 가능하다. 라이트는 후자를 취하여, 이 표현이 이스라엘의 불성실이 드러났던 그 사명을 그리스도께서 신실하게 이루셨음을 가리킨다고 이해한다(pp. 105, 117, 135, 203). 바울은 "율법 행위에 속한 자들"(갈 3:10)에게 저주가 임했지만 그리스도께서 그 저주를 받으셨다고(갈 3:13) 말하는데, 라이트는 이 저주가 구체적으로는 1세기 유대인에게 내려진 포로기의 저주를 가리킨다고 이해한다(pp. 135-136).

이 그림에서 의의 언어는 어떻게 이해되는가? 의의 언어의 자연스러운 배경은 법정이라고 한다. 법정 배경에서 '의'는 "법정에서 승소함으로써…무죄 판결을 받은 피고나 정당성을 입증받은 원고"가 누리는 지위다(p. 68). 무죄 판결을 받은 피고는 그리하여 '의롭게' 되는데, 이 지위는 그의 도덕적인 성품이나 행위와 상관이 없다.

---

4 라이트의 관점에서 메시아는 "집합적" 인물로, **"그분 안에 하나님의 백성이 축약되어 있어서** 메시아에게 해당하는 내용이 그들에게도 해당한다"(p. 104, 라이트 강조; 참고. p. 125).

가말리엘[가상의 판사]이 판결을 잘못 내려서 도덕적으로나 실제로나 죄가 있는 빌닷[가상의 양 도둑]에 대한 판결을 잘못 내리고 그 후에도 자신의 체면을 지키기에만 급급한 경우가 충분히 가능하다. 하지만 빌닷은 법정의 결정에 의하면 '의롭다.' 다시 말해, 그는 무죄라고 입증된 피고다.…'의롭다'는 말과 그 동족 어근 단어들은 성경의 배경에서 볼 때 '관계적' 용어이며, 특정 사람들이 **법정과의 관계에서** 어떤 위치에 있는지를 가리킨다. (p. 69, 라이트 강조)

법정적 배경에서의 '의'는…**누군가가 재판에서 승소했을 때 확보되는 지위**를 의미한다. 주목할 것은, 이 중요한 법정 상황 속에서의 '의'는 '승소한 자들이 지니고 있으리라 생각되는 도덕적 성품'이나 '판결을 받아 내기 위해 그들이 입증했던 도덕적 행동'을 가리키지 **않는다**는 것이다. 이전 장에서 살펴보았듯 이 점을 예견한다면, 완전히 나쁜 성품을 지녔고 실제로도 혐의대로 범죄를 저지른 자에게 판사가 실수로 판결을 내려 '의롭다 할'—즉, 승소 판결을 내릴—수 있다. 그런 일이 발생한 경우, 이미 판결이 선언되었기 때문에 피고는 여전히 '의로운' 자다. 즉, 그는 '무죄로 판명되었고', '혐의를 벗었으며', '무혐의가 입증되었고', '의롭다 하심을 받은' 것이다. (p. 90, 라이트 강조)

바울이 분명하게 연상시키는 정확한 법정 용어에 비추어 이해할 때 '의'는 '도덕적 의'가 아니며, 이는 로마서 3장에서 가장 분명하게 나타난다. '의'는 법정에서 무죄가 입증된 사람이 누리는 지위다. (p. 92)

의로운, '디카이오스'는 법정의 무죄 판결을 받은 사람을 적절하게 묘사하는 형용사다. (p. 135)

그렇다면 바울은 '무혐의 입증'이라는 법정 언어를 사용해서 그리스도를 믿는 신자들이 '의롭다 하심을 받았다'('무혐의가 입증되다', '옳다고 선언되다')고 말하고 있는 것이다. "예수께서는 무죄가 입증[되셨고], 예수께 [속한] 모든 사람도 무죄 입증을 받았다"(p. 101). 예수께서는 어떻게 무죄 판결을 받으셨는가? "부활은 예수의 '무죄 입증', 법정에서 사형 선고를 받아 죽으신 예수께서 이후에 '의롭다 하심을 받은' 것이다"(p. 106).[5] 예수께 '속한' 자들은 하나님의 백성이며 메시아가 이들의 대표이시다. 그리고 이렇게 "메시아에 의해 **재규정된**" 하나님의 백성은 메시아 예수를 믿는 자들로 구성된다(p. 117, 강조 추가. 참고. pp. 120-121).

'의'와 '칭의'의 언어는 또한 (라이트에게) 언약적이다(여기서도 도덕적

---

5 "[그리스도]께서 '의'가 되셨다. 즉, 하나님이 그를 죽은 자 가운데서 살리심으로써 무죄를 입증하셨다. 이미 유죄 선고를 받은 것처럼 보이는 자에게 판사가 법정에서 승소 판결을 내린 것과 같다. 그리스도께서 자기 자신의 아들, 인간-안의-이스라엘, 메시아임을 하나님이 입증하신 것이다. 부활절에 일어난 이 사건은 하나님이 모든 하나님의 백성을 죽은 자 가운데서 살리심으로써 그들의 무죄를 최종적으로 입증하실 그 날을 바라보게 한다. '그리스도 안'에 있는 자들은 이 지위를 공유한다. 그들은 이미 최종 무죄 판결을 앞당겨 받았기 때문이다"(p. 157, 고후 5:21에 대한 해석). "하나님은 그리스도를 '세우셔서' 그의 신실한 죽음을 통해 그에게 속한 모든 자가 죽은 것으로 간주되도록 하셨다. 하나님은 그를 살리셔서 그의 무죄 판결을 통해 그에게 속한 모든 사람이 무죄 입증을 받은 것으로 간주되게 하셨다"(p. 206; 참고. p. 215).

이지 않다). 하나님의 "의로운 행위"는 "덕스러운 행위"가 아니라 "하나님의 언약 약속을 성취하는 행위"다(p. 63). 하나님은 열방에 축복을 주겠다고 (이스라엘을 통해서, 이스라엘의 메시야라는 인물 안에서) 아브라함에게 하신 약속을 성취하심으로써 그분의 의, 곧 그분의 언약적 신실하심을 나타내셨다(pp. 67, 164). 그리고 신자들은 그리스도 안에서 '무죄 입증를 받아' 혹은 '의롭다 하심을 받아' 하나님의 언약 백성의 일원이라고 선포된다. 즉, 그들의 '의'는 '도덕적 특성이 아니라' 하나님 백성의 일원이 되는 것을 의미한다(pp. 121, 133-134). 라이트는 이 이해가 갈라디아서 2:11-16상반절에서(16하반절은 제외하고) 강력하게 제시되고 있다고 믿는다. 다른 곳에서

> '의롭다 하심을 받는다'는 말은 '"올바르다"는 지위가 주어졌음'을 뜻하는 법정 용어였다. 그러나 [갈 2:11-16상반절에서] 바울은 법정에 있지 않고 식탁에 있다. "율법의 행위로는 의롭다 함을 얻을 수 없다"는 말은 바울이 인종적 경계를 넘어 함께 식사하는 것에 관한 인종적 금기 문제에 직면했을 때 한 말이다.···우리는 다음의 내용을 최소한 예비적 결론으로 내릴 수밖에 없다. '의롭다 함을 얻는다'는 말은 여기서 '당신의 죄가 값없이 용서받았다'거나 '하나님과 올바른 관계를 맺었다'거나 '하나님 앞에서 "올바르다" 여겨졌다'는 뜻이 아니다. 이 말의 의미는 아주 구체적으로 '하나님이 그분 가족의 참된 일원이라고 여겨 주셨으며, 따라서 식탁 교제에 참여할 권한을 가지게 되었다'는 것이다. (p. 116)

따라서 "칭의"라는 단어는 "누가 진정으로 하나님 백성의 일원인지

에 관한 하나님 자신의 판결을 가리키는 말이다"(p. 121). 이 모든 것은 하나님이 최후의 심판 때에 내리실 판결에 대해 현재 시점에서 갖는 기대다(pp. 146-147, 225). 라이트는 이렇게 이해할 때 얻는 유익 중 하나가 옛 관점(칭의는 인간의 죄에 대한 하나님의 답이다)과 새 관점(칭의는 인종적 경계를 허무는 것을 뜻한다)의 통찰을 포괄하는 것이라고 믿는다(pp. 99, 118).

요약하면 다음과 같다.

의, '디카이오쉬네'는 언약의 일원이라는 지위다. 물론 이 말이 함축하는 의미는 법정에서 승소한 피고가 얻는 지위에서 온 것이다. **의롭다 하다**, '디카이오오'는 하나님이 이 판결을 선언하실 때 하시는 행위다. '이 사람이 옳다'는 법정적 판결은 그를 '**의롭게 만드는데**, 이것은 그에게 '의'라는 도덕적 특성을 주입해서 '그를 덕스럽게 만든다'는 뜻이 아니라 '옳다고-선포되었다'는 **지위**를 그를 위해 만들어 준다는 뜻이다. 이것이 본문에서 드러나는 바울의 일차 강조점, 즉 '너는 나의 자녀이며, 단일한 아브라함 가족의 일원이다'라는 하나님의 선포 행위 뒤에 있는 암묵적 은유다. **의로운**, '디카이오스'는 법정에서 무혐의 판결을 받은 사람을 적절히 묘사하는 형용사로, 바울 사유의 언약적·종말론적·기독론적 맥락에 비추어 볼 때, 도덕적·인종적·사회적·문화적 배경과 상관없이 언약 내에 잘 서 있는 사람을 가리킨다. (pp. 134-135, 라이트 강조)

구약에서 이해하는 의

오늘날 어떤 학자들은 바울 해석의 본질이 사도의 말을 이해하는 데 있지 않고 논리가 상충하는 지점(혹은 '아포리아')을 발견해서 그것들을 단서로 바울이 **실제로** 어떻게 사고하는지 알아내는 데 있다고 주장한다.[6] 이런 시대에 바울이 쓴 글이 표현하는 실제 주제에 관심을 둔 학자의 글을 읽는 것은 참으로 신선한 일이다. 그는 시종일관 바울이 분명한 비전을 가지고 글을 썼다고 생각하며 그 비전을 파악하는 것이 해석자의 과업이라고 여긴다. 아마도 슈바이처(Albert Schweitzer) 이후로 그렇게 일관된 방식으로 바울의 생각이 묘사된 적은 없었다. 라이트의 웅장한 비전, 즉 오직 (슈바이처 같은) 가장 창조적인 지성만이 그려 낼 수 있는 걸작에서, **모든** 본문은 차지하는 위치가 있다. 우리 나머지는 라이트의 글을 읽으며 그의 해석에 결국 뭔가가 있지는 않은지 우리의 본능적 반응—'그건 이 본문이 말하는 바가 아니야!'—을 점검하는 게 좋을 것이다. 반대로 라이트가 그려 내는 비전의 웅장함에 대단히 깊은 인상을 받은 사람들은 그 비전에서 어느 정도나 실제로 바울의 글에서 명확하게 드러나는지 묻는 게 좋을 것이다. 어떤 경우든 결과적으로 바울 해석에서 활기

---

6 참고. Karl Barth, *The Epistle to the Romans* (London: Oxford University Press, 1933), p. 17. 『로마서』(복있는사람). "게다가 [주석가는] 자신이 이해하지 못할 때 항상 그것은 자신의 잘못이지 바울의 잘못이 아니라고 당연히 생각할 것이다." 겸손이 이런 가정을 계속할 충분한 이유가 되지 못한다면, 우리의 세계와 바울의 세계 사이에 있는 시간적이고 문화적인 큰 격차는 그 이유를 그렇게 가정하기를 두 배로 권한다.

를 되찾게 될 것이다. 우리가 여기서 할 일은 의에 대한 라이트의 이해가 바울의 이해와 부합하는지 그렇지 않은지 결정하는 것이다.

바울은 구약성경에서 그의 '칭의' 교리를 지지하는 필수 어휘와 본문을 가져오는데, '의로운'과 '의'에 대한 용어는 도덕 어휘 가운데서도 가장 기초적인 용어에 속한다.[7] '의'는 마땅히 행해야 하는 것이고(그것이 어떻게 정의되든지), 그 행위를 하는 사람이 '의롭다.' '의로운/의'와 함께 등장하는 단어[예컨대 '흠 없는'(blameless), '올곧은'(upright)]가 거의 같은 뜻을 말한다는 것을 보아도 이 점은 분명하다.

노아는 **의**(righteous)인이요 당대에 **완전한**(blameless) 자라. 그는 하나님과 동행하였으며. (창 6:9)

그[악인]가 준비한 것을 **의**인이 입을 것이요 그의 은은 **죄 없는** 자가 차지할 것이며. (욥 27:17)

너희 **의**인들아 여호와를 즐거워하라. 찬송은 **정직한**(upright) 자들이 마땅히 할 바로다. (시 33:1)

여호와께서 만민에게 심판을 행하시오니, 여호와여, 나의 **의**와 나의 **성**

---

[7] 뒤에 제시되는 각각의 구약 사례를 보면, '차디크'(의로운)라는 히브리어 단어나 그 동족어가 사용되며, 그에 대한 헬라어 번역으로 '디카이오스'나 그 동족어가 사용된다. 물론 바울은 후자를 사용하여 '의로운', '의', '의롭다 하다'를 표현한다.

실함을 따라 나를 심판하소서. (시 7:8)

'악한' 혹은 '악을 행하는 자' 같은 단어가 '의'인과 대비될 때도 같은 요지가 분명히 드러난다.

주께서 이같이 하사 **의**인을 **악**인과 함께 죽이심은 부당하오며, **의**인과 **악**인을 같이하심도 부당하니이다. 세상을 심판하시는 이가 정의를 행하실 것이 아니니이까? (창 18:25)

무릇 **의**인들의 길은 여호와께서 인정하시나 **악**인들의 길은 망하리로다. (시 1:6)

여호와의 눈은 **의**인을 향하시고…여호와의 얼굴은 **악을 행하는 자**를 향하사. (시 34:15-16)

'의로운' 행동의 예를 보여 주는 본문에서는 도덕적으로 적절하다고 여겨지는 것을 언급하고 있음을 분명히 밝힌다.

사람이 만일 **의로워서** 정의와 **공의**를 따라 행하며, 산 위에서 제물을 먹지 아니하며, 이스라엘 족속의 우상에게 눈을 들지 아니하며, 이웃의 아내를 더럽히지 아니하며, 월경 중에 있는 여인을 가까이 하지 아니하며, 사람을 학대하지 아니하며, 빚진 자의 저당물을 돌려주며, 강탈하지 아니하며, 주린 자에게 음식물을 주며, 벗은 자에게 옷을 입히며, 변리를 위하여 꾸어 주지 아니하며, 이자를 받지 아니하며, 스스로 손을 금하여 죄를 짓지 아니하며, 사람과 사람 사이에 진실하게 판단하며, 내 율례를 따르며, 내 규례를 지켜 진실하게 행할진대, 그는 **의인이니** 반드시 살리라, 주 여호와의 말씀이니라. (겔 18:5-9)

따라서 '의'인은 그들이 마땅히 **해야 할** 바(즉, 의)를 **행하는** 자다. 요한일서 말씀이 떠오른다. "자녀들아 아무도 너희를 미혹하지 못하게 하라. 의를 행하는 자는 그의 의로우심과 같이 의롭고"(요일 3:7; 참고. 계 22:11). 자명하게 보이는 이 관찰이 참임은 에스겔 3:20에 의해서도 확증된다. "**의인이** 그의 **공의**에서 돌이켜 악을 행할 때에는 이미 행한 그의 **공의**는 [그 공의를 근거로 '의로웠'겠지만] 기억할 바 아니라.…그는 그의 죄 중에서 죽으려니와." 아주 흥미로운 점은, 사물─저울(정확할 때)이나 길(비유적으로), 계명(도덕적으로 적절할 때)─조차도 '의롭다'고 말할 수 있다는 것이다. 즉, 그것들이 **마땅히 되어 있어야 하는** (혹은 지향하는) **상태에 있을 때** 그렇다고 말할 수 있다.[8]

너희는 재판할 때나 길이나 무게나 양을 잴 때 불의를 행하지 말고, **공평한** 저울과 **공평한** 추와 **공평한** 에바와 **공평한** 힌을 사용하라.

(레 19:35-36)

---

8   5장에서는 구약 저자들의 관점에서 볼 때 행동이나 사물을 '의롭게' 만드는 것이 무엇인지 논할 것이다. 그들이 '의롭다'고 여기는 모든 것이 오늘날에도 그렇게 여겨지지는 않는다(예를 들어, 앞에서 인용한 겔 18:5-9를 보라). 여기서 요점은 단순하다. '의' 용어가 언어의 기초적 도덕 용어에 속한다는 것이다.

오늘 내가 너희에게 선포하는 이 율법과 같이 그 규례와 법도가 **공의로운** 큰 나라가 어디 있느냐? (신 4:8)

내 영혼을 소생시키시고 자기 이름을 위하여 **의**의 길로 인도하시는도다. (시 23:3)

여기까지 보면, 진실은 뻔해 보인다. 하지만 이것이 현재 논쟁의 맥락에서 가지는 함의는 아주 중대하다. 먼저, '의'의 언어는 하나님의 언약 백성 일원이 됨을 나타내지 않는다.[9] 부정적 측면에서 보면, 이스라엘은 시내산 언약에 들어가기 전뿐만 아니라 그 후에도 의로운 백성이 **아니라** 완고한 백성이었다(이는 **도덕적** 판단이다). "그러므로 네가 알 것은, 네 하나님 여호와께서 네게 이 아름다운 땅을 [시내산 언약에 들어간 후 40년이 지난 지금] 기업으로 주신 것이 네 공의로 말미암음이 아니니라. 너는 목이 곧은 백성이니라.…네가 애굽 땅에서 나오던 날부터 이곳에 이르기까지 늘 여호와를 거역하였으되"(신 9:6-7). 여기서 분명한 것은 이스라엘 백성이 시내산 언약에 들어가기 전부터("애굽 땅에서 나오던 날부터") 하나님은 그들에게 의롭기

---

[9] 물론 언약 백성의 일원이라면(혹은 언약의 하나님조차도), '의'는 언약에 들어오면서 했던 약속 준수를 수반한다. 하지만 그것은 약속을 지키는 행위가 **마땅히 해야 할 일**의 일부이기 때문이다. 언약적 신실함은 의로운 행위의 한 예지만, 의가 언약적 신실함에 한정되거나 언약적 신실함과 동등한 것은 결코 아니다. 이건 말할 필요가 없긴 한데, '의로운'이 '언약 백성에 속하는 것'을 **의미한다**는 것이나 '의'가 '언약적 신실함'을 **의미한다**는 것을 내가 부정한다고 해서 이것이 성경적 언약 신학 자체에 대한 경멸을 암시하는 것은 아니다.

를 기대하셨다는 것이다. 하지만 그들은 의롭지 않았고 언약에 들어가는 것이 그들을 의롭게 만들지도 않았다. 긍정적 측면에서 보면, 노아는 성경에서 어떤 언약도 언급되기 전에 '의롭다'고 선언된다(창 6:9).[10] 그는 마땅히 되어야 할 사람이 되어 있었고, 마땅히 해야 했던 일을 했으며, 그 이유로 홍수에서 구조되었다. 하지만 노아 혼자 자신의 세대에서 '의로운' 자로 여겨졌다(7:1). 분명히 다른 사람들은 (언약에 속하지 않았기도 하지만) '의'의 기대치에 도달하지 못했으며 그에 기초해 심판을 받았다. 이와 비슷하게, 아브라함도 50명의 '의로운' 사람이 **가나안** 도시 소돔에 있으리라 거의 확신했다[50명이 아니라면 적어도 45명, 아니면 40명…(창 18:22-33)]. 하지만 정작 가나안의 의인에 대한 이 정도의 기대치도 충족되지 못한다. 현인들은 종종 하나님의 눈에 **어느 누가** 정말로 의롭게 보일 수 있을지 의문을 던진다(욥 15:14-16; 25:4-6; 시 143:2; 참고. 욥 4:17-19). 언약이 없어서 촉발된 의문이 아니다. 인간에게는 인간**으로서** 내려야 하는 도덕적 선택이 있다. 인간은 **마땅히** 올바른 선택을 내려야 한다. 다시 말해, 그들은 '의로워야' 한다.

구약에서 잠언보다 더 자주 '의인'에 대해 말하는 책은 없다. 보통 '의'인에 대해 뭔가를 말할 때, 그 반대 내용은 '악'인에 대해 말하는 것이다. 도덕적으로 적절한 행동을 하느냐 부적절한 행동을 하

10　신약에서 아벨도 그렇게 평가되고(히 11:4. 그의 "행위가 의로웠기" 때문이다. 요일 3:12) 롯도 그렇다(벧후 2:7-8). 이방인 고넬료는 말할 것도 없다(행 10:22. 그가 "의를 행하는" 사람이었기 때문이다. 10:35). 각 경우에서 의는 언약의 일원이 되는 것과 상관이 없다.

느냐에 따라 둘이 구분된다. 의인은 동물의 필요를 돌보지만 악인은 그렇지 않다(잠 12:10). 의인은 악인과 달리 거짓을 싫어한다(13:5). 악인은 탐욕스러운 반면 의인은 후하게 베푼다(21:26). 그 외에도 있다. 하지만 잠언에서 취하는 틀은 '언약'이 아니라 창조 질서. 개미조차도 이 질서를 준수한다!(6:6-8) 이 창조 질서 때문에 (앞서 보았듯이) 저울, 길, 계명은 그것들이 마땅히 갖춰야 하는 상태가 되거나 그들의 목적에 맞는 상태가 된다. 저울, 길, 계명은 언약의 일원이 아니다. 하지만 그것들은 '의로워야' 한다.

따라서 '의'는 언약의 일원이 되는 것을 의미하지 않으며 본질상 그 의미일 **수도 없다**. 이와 마찬가지로, '의'는 법정의 판단에 의해 주어지는 지위를 의미하지 않으며 본질상 그 의미일 **수도 없다**. 누가 의인인지에 관한, 그리고 사람을 의롭게 만드는 도덕적으로 적절한 행위에 대해 앞서 살펴본 모든 예에 비추어 볼 때, '의로운'이라는 용어가 그 사람이 실제로 무죄인지 유죄인지와 상관없이 '법정에서 무혐의 판결을 받은 사람을 적절히 표현하는' 말이라고 주장하는 것은 말이 되지 않는다. 무죄 판결을 받은 양 도둑에게 쓴다면, '의롭다'라는 용어는 **부**적절하게 서술되는 것이다. 사실 바로 이 점이 신명기 25:1에서 재판장에게 명하는 바다. 그는 죄 없는 자에게 무죄를 선고하고 죄 있는 자를 정죄해야 한다(참고. 출 23:6-8; 잠 17:15; 사 5:23).

사람들은 그들이 한 행위가 옳은지 그른지에 따라 무죄나 유죄가 된다. 하지만 논쟁이 생기면 판사에게 요청해서 그들이 마땅히 했어야 하는, 혹은 마땅히 하지 말았어야 하는 행동을 했는지 평가하도록 한다. (판사에게 요청되는 일이 재판받는 피고의 전반적인 도덕적 성품에 대한 판결을 내리는 게 아니라 피고가 행한 특정 행동의 **도덕적** 성격에 대해—무죄인지 유죄인지—판결을 내리는 것이라는 점에 주목하라.) 판사는 (행위에 근거해) 유죄인 자에게 '무죄' 판결을 내리거나 (행위에 근거해) 무죄인 자에게 '유죄' 판결을 내리게 하는 어떤 유혹도 뿌리쳐야 한다. 따라서 판사의 유죄나 무죄 판결은 피고의 실제 유죄나 무죄 여부에 부합해야 한다. 하지만 실제 유죄나 무죄 여부는 잘못된 법정 판결이 내려진다고 해서 조금도 변하지 않는다. 죄 없는 나봇이 거짓으로 고소당하고 정죄받는다고 유기가 ('악하게') **되는 게** 아니다 (왕상 21장). 그는 정의가 잘못 집행되어서 그렇게 취급받았을 뿐이다. 구약에서는 정죄받은 의인들을 '악하다고' 일컫는 경우가 전혀 없으며 '악함'을 그들의 '지위'에 대한 묘사로 사용하지도 않는다. 반복해서 말하건대, 정죄받은 의인들은 '의롭다'고 일컬어지며, 정의를 왜곡하는 일은 비난받는다.[11]

> 뇌물은…의인의 말을 굽게 하느니라. (신 16:19)

> 의로운 사람의 권리를 박탈하는 [자들에게 심판이 기다린다.]
> (사 29:21, 새번역)

---

11 의에 대한 신약의 언어도 다르지 않다. 로마의 백부장이 예수의 십자가 밑에서 예수께서는 '의인'이시라고 말했을 때(눅 23:47), 그는 법정의 결정(예수께서는 범법자로 정죄받아 사형당하셨다)에 의해 예수께 부여된 지위를 말하지 않았으며 예수께서 (백부장의 관심거리가 아닌) '언약' 안에 있는지 바깥에 있는지에 따른 지위를 말하지도 않았다. 그는 예수께서 실제로 무죄('의')라고 말한 것이다. 참고. 마 23:35; 27:19.

> 너희의 허물이 많고 죄악이 무거움을 내가 아노라. 너희는 의인을 학대
> 하며 뇌물을 받고 성문에서 가난한 자를 억울하게 하는 자로다.
> (암 5:12)

> 의인을 벌하는 것…은 선하지 못하니라. (잠 17:26)

반대로, 살인자가 판사를 매수해서 무죄 판결을 받으면 무죄로 잘못 취급될 수는 있어도 '의롭게' **되는** 것은 아니다. '무죄 판결'을 받는 것과 '의로운' 것은 법적 배경에서도 동의어가 **아니다**. 구약에서는 무죄 판결을 받았다는 이유로 악인들을 '의롭다'고 칭하는 경우가 전혀 없으며, '의'를 그들의 '지위'를 설명하는 말로 사용하지 않는다. 달리 볼 수 있는가? 만약 '의'가 라이트가 말한 식으로 부여된다면, 죄 없는 자에게 '무죄'를 선언하라는 명령은 판사의 선언에 의해 무죄가 **되는** 자에게 '무죄'를 선언하라는 요청이 될 것이며, 판사는 선언에 의해 유죄가 **되는** 자에게 '유죄'라고 선언하기를 요청받을 것이다. '성경적 맥락 안'에서도 이것은 말이 되지 않는다.

바울이 이해한 의

바울에게도 당연히 특이한 점이 있었지만, 일상의 단어를 자신만의 독특한 의미로 사용하지는 않았다. 바울은 새로운 생각을 표현할 때 효과적으로 소통하기 위해 일상의 단어를 알아들을 수 있는 방식으로 사용**해야** 했다. 바울은 확실히 '의'에 대하여 놀랄 만한 내

용을 말하지만, 그는 다른 사람들이 사용하듯 '의'의 언어를 사용하여 사람이 마땅히 해야 하는 바를 나타냈다. (구약에서 그랬듯) **사물**에 대해서도 그 언어를 사용하여 그것들이 마땅히 갖춰야 하는 상태를 나타냈다. 언약적 지위는 관건이 아니었다. 이번에도 유사하거나 반대로 쓰이는 단어들이 의미를 전달한다.

우리가 너희 믿는 자들을 향하여 어떻게 거룩하고 **옳고** 흠 없이 행하였는지에 대하여 너희가 증인이요 하나님도 그러하시도다. (살전 2:10)

이로 보건대 율법은 거룩하고 계명도 **거룩하고** 의로우며 선하도다. (롬 7:12)

무엇에든지 참되며, 무엇에든지 경건하며, 무엇에든지 **옳으며**, 무엇에든지 정결하며…. (빌 4:8)

의와 불법이 어찌 함께하며. (고후 6:14)

죄로부터 해방되어 **의**에게 종이 되었느니라. (롬 6:18)

너희가 너희 지체를 부정과 불법에 내주어 불법에 이른 것같이, 이제는 너희 지체를 **의**에게 종으로 내주어 거룩함에 이르라. (롬 6:19)

더 나아가, 바울은 '의롭다 하다'라는 동사를 사용할 때 (이 단어가 항상 의미하던 바대로) '무죄임을 발견하다', '의롭다고 선언하다'라는 뜻을 의도한다.

> 내가 자책할 아무것도 깨닫지 못하나, 이로 말미암아 의롭다 함을 얻지 못하노라. 다만 나를 심판하실 이는 주시니라. (고전 4:4)

> 하나님 앞에서는 율법을 듣는 자가 의인이 아니요 오직 율법을 행하는 자라야 의롭다 하심을 얻으리니. (롬 2:13)

2장에서 보았듯 바울은 사도로서 다른 유대인과 다르게 "의인은 하나도 없다"고 믿었다(롬 3:9-10). 하지만 문제의 범위에 대한 이 견해가 바울의 독특한 점일 수는 있어도 의의 용어를 사용하여 모든 인간—'언약' 안팎에 있는 **모든** 인간—에게 요구되는 도덕적 행위를 지칭한다는 점은 독특하지 않다. 바울은 로마서 3:10에서 보편적 선언을 하고서, 사람을 의롭지 못하게 하는, 도덕적으로 받아들일 수 **없는** 행동의 사례를 열거한다(3:10-18). 그는 로마서 1:18-32에서도 이와 비슷하게 하나님의 "진노"를 불러일으키는 인간의 "불의"에 대한 풍부한 예를 제시했고(1:18), 고린도전서 6:9-10에서도 사람을 "불의하게" 만들어 하나님의 나라에 적합하지 못하게 하는 행위의 사례를 열거했다.

그렇다면 하나님이 "경건하지 아니한 자를 의롭다 하신다[의로움을 발견하신다]"(롬 4:5)고 바울이 말할 때, 그가 말한 요지는 놀랍지만 그가 쓰는 언어는 극히 평범하다. 사실 "경건하지 않다"(ungodly)

라고 옮긴 단어는 신명기 25:1(**또한** 출 23:7 및 사 5:23)의 헬라어 번역에서 판사가 '의롭다 하면' **안 되는** 죄인을 나타내는 단어와 똑같다. 사도는 '의'의 언어를 **일상적 방식으로** 사용하여 인간의 곤경, 즉 하나님 앞에서의 보편적인 인간 죄책에 대한 하나님의 비범한 답을 말하고 있다. 로마서 3장의 사고 전개에 주목하라. 일련의 구약 인용문(3:10-18)에서 말하는 인간의 보편적 완고함에 비추어 보면, 세상 전부가 하나님 앞에서 죄책을 가진다(3:19). 그러나 정죄를 받아야 하는 죄인들은(3:23) "그리스도 예수 안에 있는 속량으로 말미암아 하나님의 은혜로 값없이 의롭다 하심을 얻은[무죄라고 선언된] 자가 되었다"(3:24). 바울은 계속해서 로마서 4장에서 '의'를 죄 용서와 동일시하는데(4:6-8), 여기서도 바울은 명확하게 의의 언어를 사용해 인간의 죄가 초래한 도덕적 딜레마를 표현한다. 앞서 보았듯, 그는 고린도전서에서 의의 언어를 이미 이런 방식으로 사용했다. "불의한 자는…[사람들이 따르는 각종 불의의 목록]…하나님의 나라를 유업으로 받지 못하리라. 너희 중에 이와 같은 자들이 있더니…의롭다 하심을 받았느니라"(고전 6:9-11). 고린도후서에서도 마찬가지다. "하나님이 죄를 알지도 못하신 이를 우리를 대신하여 죄로 삼으신 것은 우리로 하여금 그 안에서 하나님의 **의**가 되게 하려 하심이라"(고후 5:21).

갈라디아서 2:16상반절의 언어는 로마서 3장의 언어와 매우 비슷해서 바울이 서로 다른 이야기를 하고 있다고 믿기 어렵다.

사람이 의롭게 되는 것은 율법의 행위로 말미암음이 아니요 오직 예수 그리스도를 믿음으로[12] 말미암는 줄 알므로, 우리도[즉, 너 베드로와 나 바울, 우리 모두 유대인임에도] 그리스도 예수를 믿나니 이는 우리가 율법의 행위로써가 아니고 그리스도를 믿음으로써 의롭다 함을 얻으려 함이라. 율법의 행위로써는 의롭다 함을 얻을 육체가 없느니라. (갈 2:16)

율법의 행위로 그의 앞에 의롭다 하심을 얻을 육체가 없나니…이제는 율법 외에 하나님의 한 의가 나타났으니, 율법과 선지자들에게 증거를 받은 것이라. 곧 예수 그리스도를 믿음으로 말미암아 모든 믿는 자에게 미치는 하나님의 의니 차별이 없느니라. (롬 3:20-22)

앞서 보았듯, 라이트는 갈라디아서 2장의 맥락이 우리로 하여금 2:16상반절을 상당히 다르게 해석하도록 '강요한다고' 생각한다. 논의되는 문제가 이방인이 유대인 신자와 함께 식사하려면 할례를 받아야 하는가이기 때문에, 여기서 "의롭다 함을 얻는다"는 것은 "하나님 앞에서 '옳다'고 인정받는다"는 뜻이 아니라 "하나님 가족의 참된 일원이라고 하나님께 인정받고 그럼으로써 식탁 교제의 권한을 공유한다"는 뜻이 분명하다는 것이다(p. 116). 이 견해에 대한 가장 간단한 대답은 '의롭다 하다'라는 단어가 라이트가 원하는 뜻을 나타낼 수 없다는 것이다. 어떤 갈라디아 교인도 '의롭다 함을 받는다'는 말을 듣고 '가족 식탁에 앉을 수 있는 권리를 얻는다'고 생각

---

12 이 어구가 논란이 된다는 점을 인정하지만, 이를 어떻게 해석하느냐는 여기서 관건이 아니다. 일단 지금은 전통적인 해석을 따른다. 뒤의 각주 15를 참조하라.

하지 않았을 것이다. 또한 (다른 곳에서 '디카이오-' 용어들을 일상적 의미로 사용하는) 바울이 **그런** 의미를 말하기 원했다면 **이** 단어를 사용하지 않았을 것이다. 간단한 대답에 한마디만 덧붙이면, 갈라디아서 2장 문맥에서 우리에게 '의롭다 하다'라는 사전적 정의에 새로운 범주를 추가하게 만드는 요소는 없다. (1장에서 보았듯) 바울의 요지는 할례를 요구하는 율법은 의(즉, 의롭다는 하나님의 인정)에 도달하는 길을 규정하지만 이 길로 의에 도달하는 인간은 없다는 것이다. (이 일반적 의미에서) 의는 율법의 용어로는 불가능하다(2:21; 참고. 3:10). 그렇다면 누가 왜 율법의 지배에 복종하는가?

바울은 복음의 모순적 요소를 즐거워한다. 하나님의 어리석음이 지혜 있는 자를 혼란스럽게 하고 하나님의 약함이 강한 자를 전복시킨다(고전 1:18-29; 또한 참고. 롬 9:30-31). 이와 비슷하게, 바울은 인간의 **불**의에 대한 하나님의 해결책을 일부러 모순적으로 표현한다. 하나님은 의롭지 않은 자를 '의롭다 하시고', 그들이 '의롭'거나 '무죄'임을 발견하신다. 그는 **불**의한 자들을 마치 그들이 의로운 것처럼 판단하신다.

> 일을 아니할지라도 **경건하지 아니한 자를 의롭다 하시는 이**[하나님]를 믿는 자에게는 그의 믿음을 의로 여기시나니. (롬 4:5)

> 그리스도께서 **경건하지 않은** 자를 위하여 죽으셨도다.…우리가 그의 피로 말미암아 **의롭다 하심을 받았으니**. (롬 5:6-9)

두 번이나 바울은 하나님의 눈앞에서 아무도 의로운 자가 없다는 시편 143:2의 주장을 암시하는데, 그렇게 **불의한 사람도 믿으면 "의롭다 함을 받는다"**(의롭다고 발견된다)고 말하기 위함이다(롬 3:20-22; 갈 2:16).

하지만 복음의 역설은 거기서도 끝나지 않는다. 하나님은 죄인을 의롭다고 선언하실 뿐 아니라 그렇게 할 때 자신도 '의롭다'고 선언하신다(롬 3:25-26). 어떻게 해서 그렇게 되는가? 바울은 여기서 하나님의 의를 결정하는 것이 그리스도의 희생적 죽음을 통해 하나님이 제공하신 속죄라고 설명한다. "하나님이 [그리스도를] 그의 피로써 믿음으로 말미암는 화목제물[13]로 세우셨으니 이는 하나님께서 길이 참으시는 중에 전에 지은 죄를 간과하심 [혹은 '용서하심']으로 자기의 의로우심을 나타내려 하심이니"(3:25). 이 구절 후반부에서 바울은 추정컨대 그리스도께서 오시기 전에 하나님이 죄를 간과하셨던 때를 가리킨다(예컨대 아브라함이나 다윗의 죄). 하나님이 그렇게 하시는 것이 '옳다'는 것은 하나님이 그리스도를 통해 모든 믿는 자(아브라함과 다윗을 포함해서. 롬 4:1-8을 보라)를 위한 화목제물을 제공해 주시기 전에는 분명하지 않았다. 요지는, 죄인들을 의롭게 되지 못하게 하는 죄들을 십자가에 못 박힌 그리스도께서 짊어지셨기 때문에 하나님은 정당하게 죄인들을 의롭다고 선언하실 수 있다는 것이다. 하나님은 인간의 죄성이 고난받는 그리스도에게 그 모든 힘을 소진

---

[13] 바울이 의도한 바가 속죄의 장소나 수단인지 그렇지 않은지에 관한 논쟁이 있는데 여기서 다루지는 않겠다.

하게 하여 모든 악이 빠져나가고 '속죄되어' 더 이상 존재하지 않게 하셨다. 그들의 죄가 처리되었기 때문에, 죄인이었던 자가 '의롭다'고 선언되어도 정의는 손상되지 않는다.

내 생각에 이것이 '칭의'가 실제로 어떻게 **작용**하는지에 대해 바울이 제시하는 가장 분명한 그림이다. 하지만 이것만이 하나님이 하신 일을 인간이 이해할 수 있는 방식으로 표현하는 바울의 유일한 방법은 아니다. 고린도후서 5:21의 함축적 언어가 의미하는 바는 십자가에서 하나님이 극적 교환을 일으키셨다는 것이다. 그리스도의 의가 인간의 것이 될 수 있도록 인간의 죄성이 그리스도의 것이 되었다는 것이다. 이것이 아마도 그리스도의 의가 신자들에게 '전가' 되었다는 전통적 이해에 가장 근접한 바울의 표현일 것이다. 로마서 6장에서 바울은 신자들이 세례를 통해 그리스도와 함께 죄에 대해 죽고 그리스도와 함께 의로운 혹은 하나님을 섬기는 새로운 삶으로 살아난다고 주장한다.[14] 다른 데서 바울은 그리스도께서 어떻게 '우

---

14 이것은 라이트의 주장과 가깝지만 같지는 않다. 라이트는 하나님이 부활을 통해 예수의 옳으심을 '입증하셨다'(='의롭다 하셨다')고 주장하며, 그 과정에서 예수께 속한 자들도 그들의 옳음을 입증하셨다(의롭다 하셨다)고 말한다. 이 해석은 바울의 '칭의' 언어를 신자가 '그리스도 안에' 참여한다는 개념과 통합하려는 라이트의 바람직한 시도를 나타낸다. 그러나 바울은 결코 하나님을 **예수**를 '입증하셨다/의롭다 하셨다'고 말하지 않는다. [라이트는 고후 5:21에서 그리스도께서 '의'가 **되셨으며**, 이것은 곧 "하나님이 그분의 옳음을 입증하셨다는 것"이라고 해석한다(p. 157). 하지만 본문에서는 전혀 그런 식으로 말하지 않는다.] 이 동사는 하나님이 오히려 '불경건한' 자들이나 '죄인들'에게 하시는 일을 나타내는 데 쓰인다. '입증하다'라는 의미일 가능성은 낮다. 내 생각에는 바울이 구원의 다양한 측면을 포착하고자 여러 다양한 그림—칭의, 참여, 화해, 구속 등—을 사용한다는 사실을 그저 받아들여야 할 것 같다. 그는 자신이

리를 위해' 혹은 '우리의 죄를 위해' 죽으셨는지를 일반적 용어로 말하는 데 만족하며, 그 의미를 더 정확하게 규정할 필요를 느끼지 않는다(예컨대 고전 15:3; 갈 1:4; 살전 5:10).

로마서 3:26에서 "[하나님]의 의"는 죄인을 의롭다고 선언하시는 하나님의 역설적 '옳으심'을 가리키는 듯 보인다. 이 표현은 로마서 1:17, 3:22, 10:3에도 등장하는데, 오랫동안 사람들은 이 구절에서의 이 표현의 의미를 죄인들에 대한 하나님의 의의 선포(칭의, 무죄 선언)로 이해해 왔다. 빌립보서 3:9에서 "하나님께로부터" 오는 것이라고, 로마서 5:17에서 하나님의 "선물"이라고 말하는 그 의다. 더욱 최근의 학자들은 복음에서 드러난 '하나님의 의'를, 망가진 창조 세계를 바로잡으시려는 하나님의 준비, 창조 세계의 선함을 지키시겠다는(이 경우 회복하시겠다는) 헌신, 혹은 (라이트와 같이) 하나님의 언약적 신실하심(하나님이 언약 체결을 동반하며 하셨던 약속들을 지키심으로써 드러난다. 롬 3:5의 어구도 이런 식으로 이해될 수 있다)으로 이해하기를 선호한다. 앞서 보았듯, '의'가 '언약적 신실하심'을 **의미하지**는 않는다. 그러나 언약이든 무엇이든 약속을 지키는 것은 의의 한 **사례**가 된다. 그리고 바울은 이스라엘 족장들에게 하신 하나님의 약속들이 그리스도 안에서 성취되었다고 확실히 믿었다(롬 15:8; 고후 1:20). 요컨대, 어구에 대한 이 모든 이해 하나하나가 바울의 생각에 부합한다. 이들 가운데 무엇이 옳은지 여기서 가려낼 필요는 없다.

말하는 모든 것이 어떤 하나의 그림 안에 포함될 수 있음을 보여 주려 애쓰지 않는다[라이트도 다른 곳에서 반복해서 이 점을 지적한다(pp. 80, 86-87, 91-92, 137)].

하지만 여전히 강조할 점은 하나님이 의롭다고 선언하시는 사람들은 죄인 중에서 **믿음을 가진** 자들이라는 것이다.[15] 바울은 그런 믿음이 보통 의의 판단의 근거로 삼는 일종의 의로운 '행위'가 아님을 세심하게 밝힌다.

일하는 자에게는 그 삯이 은혜로 여겨지지 아니하고 보수로 여겨지거니와, **일을 아니할지라도** 경건하지 아니한 자를 의롭다 하시는 이를 **믿는** 자에게는 그의 **믿음**을 의로 여기시나니, **일한 것이 없이** 하나님께 의로 여기심을 받는 사람의 복에 대하여 다윗이 말한 바, "불법이 사함을 받고 죄가 가리어짐을 받는 사람들은 복이 있고, 주께서 그 죄를 인정하지 아니하실 사람은 복이 있도다" 함과 같으니라. (롬 4:4-8)

어찌 그러하냐?[유대인들은 그들이 구한 의에 이르지 못했느냐?] 이는

---

15 바울은 복음을 **믿는 자들**이 하나님의 의의 선물을 받는다고 반복해서 말한다(롬 3:22-24; 4:22-24; 10:9-11 등). 바울이 믿음과 의 사이의 연결성을 보여 주고자 성경 구절을 인용할 때 명시적으로 나타나는 요소는 **의롭다 하심을 받는 자들의 믿음**이다(갈 3:6; 롬 4:3, 5; 4:22-24; 9:33; 10:6, 9-11). 그는 또한 명확하게 이 (인간의) 믿음을 "율법의 행위"와 대비하여 이 둘을 의에 도달하는 두 경로로 제시한다(갈 2:16; 롬 3:20, 22). 그리고 바울은 결코 그리스도를 주어로 삼아서 '믿는다'[believe, '피스튜오'(*pisteuō*), 이는 '믿음'(faith)을 뜻하는 '피스티스'(*pistis*)와 연관되어 있다]라는 동사를 사용하지 않는다. 따라서 만약 어떤 본문에서 예수의 순종(혹은 '신실하심')이 논의되고 있지 않은 상황인데 '예수 그리스도의 믿음'이라는 모호한 표현이 사용되어 '율법의 행위'와 대비를 이루어 의롭다 하심을 받는 수단으로 제시되고 있다면, 여기서 '예수 그리스도의 믿음'이라는 표현은 (라이트 및 다른 학자들과 같이) '예수 그리스도의 신실하심'으로 이해하는 것보다 '예수 그리스도를 믿는 믿음'으로 해석하는 것이 확실히 더 자연스럽다.

> 그들이 **믿음**을 의지하지[그들이 의를 구하지] 않고 **행위**를 의지함이라. (롬 9:32)

우리가 2장에서 주목했던 바울의 생각은 하나님의 은혜가 작용하는 데 인간의 성취가 요건이 될 수 없다는 것이었다(롬 11:6). 하지만 바울이 이해하는 것처럼 복음에 대한 믿음은 이 원리와 타협하지 않는다.

> 예수 그리스도를 믿음으로 말미암아 모든 믿는 자에게 미치는 하나님의 의니…하나님의 은혜로 값 없이 의롭다 하심을 얻은 자 되었느니라. (롬 3:22, 24)

> 그러므로 상속자가 되는 그것이 은혜에 속하기 위하여 [약속을 받는 것이] 믿음으로 되나니. (롬 4:16)

물론 이 요지가 가장 인상적으로 담겨 있는 구절은 에베소서 2:8-9이다. "너희는 그 은혜에 의하여 믿음으로 말미암아 구원을 받았으니 이것은 너희에게서 난 것이 아니요 하나님의 선물이라. 행위에서 난 것이 아니니 이는 누구든지 자랑하지 못하게 함이라." 이 본문의 의미에서 "믿음"은 (마치 다른 사람보다 신자가 더 '신뢰심 깊은 심성'을 지닌 것처럼) 신자가 자연적으로 지니는 덕목이 아니라 복음 메시지에 대한 반응이며(아브라함의 '믿음'은 하나님의 약속에 대한 반응이었다), 이 반응은 메시지 자체의 능력에 의해—하나님의 영이 능력을 발휘하셔

4장 믿음으로 의롭다 하심을 받음

서―생겨난다.

> 너희가 우리에게 들은 바 하나님의 말씀을 받을 때에 사람의 말로 받지 아니하고 하나님의 말씀으로 받음이니 진실로 그러하도다. **이 말씀이 또한 너희 믿는 자 가운데에서 역사하느니라.** (살전 2:13)

> 그러므로 믿음은 들음에서 나며 들음은 그리스도의 말씀으로 말미암 았느니라. (롬 10:17)

> 십자가의 도가…구원을 받는 우리에게는 하나님의 능력이라. (고전 1:18)

> 내 말과 내 전도함이 설득력 있는 지혜의 말로 하지 아니하고 다만 성령의 나타나심과 능력으로 하여, 너희 믿음이 사람의 지혜에 있지 아니하고 다만 하나님의 능력에 있게 하려 하였노라. (고전 2:4-5)

따라서 믿음은 칭의라는 하나님의 선물을 받는 수단이며 또한 그 자체로 하나님의 선물이다(참고. 빌 1:29; 또한 고전 12:3).

* * *

오늘날 학자들은 바울이 구원과 관련하여 의의 언어에 초점을 맞춘 맥락이 이방인이 할례를 받고 여타 독특한 유대인의 관습도 받아들여야 하는가에 관한 논쟁이라고 말한다(즉, 갈 2장에서). 이렇게 말할 만하고 이것이 옳기도 하다. (앞서 1장에서 보았듯, 바울은 그다음부터 칭의를 구원 비유의 레퍼토리로 추가했다.) 정말로 이 논쟁으로 인해 바울은 왜 이방인이 그러면 안 되는지에 대한 좋은 **논증**을 만들었다. 왜 필연적으로 정죄에 이르는 체제에 복종해야 하는가? 한 걸음 더 나아가 보자. 라이트의 강조점은 그리스도께서 아브라함과 그의 후손들에게 주신 하나님의 약속을 성취하셨다는 것이며 이는 바울의 생각과 상당히 잘 맞는다(롬 15:8). 계속해서 더 가 보자. 오늘날 자기 자신이 하나님 앞에서 옳다는 주장이나 다른 이들이 하나님 앞에서 옳음을 거부하는 주장에 대한 근거를 인종이나 계층, 성별이 제공할 수 있다는 말에 대해, 그리스도인 학자들은 이를 거부하는 근거를 바울의 칭의론에서 마음껏 찾아야 한다. 결국 바울의 요지는 **모든** 부류의 인간이 하나님 앞에 죄책이 있으며 하나님은 **누구든지** 믿는 자를 의롭다 하신다는 것이기 때문이다. 우리의 논의를 이렇게 결론지을 수 있다. 바울의 칭의 교리가 **뜻하는** 바는 아우구스티누스, 루터, 그리고 다른 이들이 오랫동안 이해해 온 바에 부합한다. 즉, 오직 예수 그리스도를 믿는 믿음으로 말미암아 죄인들이 하나님 앞에서 옳다고 여김을 받을 수 있다.

5장

Justification Reconsidered

율법의 행위로 말미암음이 아니요

'선행'은 루터교 사람들 사이에서 평판이 나쁘다. 루터교 목사가 내게 다음의 이야기를 해 주었다. 물론 농담으로 그랬다는 말을 서둘러 덧붙여야겠다.

가톨릭 신자, 침례교 신자, 루터교 신자가 모두 세상을 떠나 다음 세상으로 갔다. 그들은 자신들이 영원한 고통의 장소에 있는 것을 보며 왜 이렇게 되었는지 의아해했다. 가톨릭 신자는 오래 생각하지 않았다. 수년 동안 미사에 참석하지 않았다는 사실을 기억한 것이다. 침례교 신자도 간음을 저질렀던 일이 기억나자 의문이 풀렸다. 루터교 신자는 힘들게 기억을 더듬다가 자신이 저지른 치명적인 잘못 하나를 기억했다. 한 번 선행을 한 적이 있었던 것이다.

그러나 오해를 불러일으키는 이런 적용, 이 이야기에서 짧게 묘사된 선행에 대한 태도는 그 뿌리를 갈라디아서 2:16("사람이 의롭게 되는 것은 율법의 행위로 말미암음이 아니요 오직 예수 그리스도를 믿음으로 말미암는다") 같은 본문에 대한 마르틴 루터의 해석에 둔다. 루터 자신은 의롭다 하심을 받은 신자는 '선행'을 한다고 확신했다. 루터의 주장에 의하면, 신자에게는 선행을 해야 되느냐는 질문이 결코 생기지 않는데, 참된 믿음은 "살아 있고 활력 있고 역동적이고 강력한 것이라서…끊임없이 선행을 하지 않을 수가 없기 때문이다."[1] 그러나 루터는 바울이 **칭의 자체에서** 선행이 존재할 어떤 여지도 부정했다고 이해했다. 루터는 이 구절에서 바울이 말하는 것이 일반적으로 하는 '선행'이 아니라 모세의 율법에서 명한 선행임을 충분히 인식할 정도의 주석가였다. 그럼에도 그는 이 구절을 일반화하는 것이 정당하다고 믿는다. 하나님이 직접 (모세 율법에서) 정하신 행위를 통해서 의롭다 하심을 얻지 못한다면 다른 행위를 통해서는 더욱 불가능하지 않겠느냐는 것이다.[2]

하지만 오늘날 다수의 학자는 루터의 해석같이 지나치게 포괄적인 해석은 갈라디아 지방에서 바울이 직면했던 1세기 현실과 떨어져 있다고 주장한다. 바울 당시의 유대인들은 '선행'을 함으로써 자신들의 구원(혹은 '의롭다 하심을 받는 것')을 획득할 수 있다고 생각하는 율법주의자가 아니었다. 그렇다고 바울의 대적자들이 갈라디아 교인들에게 '행위를 통한 구원'을 전한 것도 아니었다. 문제는 훨씬 더 구체적이다. 바로 그리스도를 믿는 이방인 신자가 할례를 받아야 하느냐(그리고 당연히 안식일과 유대교 음식법도 지켜야 하느냐)는 문제였다. 특히 제임스 던(James Dunn)이 주장하길, 바울이 '의롭다 함'을 주지 못하는 '율법의 행위'를 말할 때 그가 구체적으로 염두에 둔

---

1   Martin Luther, *Preface to the Epistle to the Romans*, in *Luther's Works* 35, ed. E. Theodore Bachmann (Philadelphia: Muhlenberg, 1960), pp. 365-380, 여기서는 p. 370. 『루터의 로마서 주석』(CH북스).

2   Martin Luther, *Lectures on Galatians 1535*, in *Luther's Works* 26, ed. Jaroslav Pelikan (Saint Louis: Concordia, 1963), pp. 139-141, 407. 『마르틴 루터, 갈라디아서』(복있는사람).

것은 바로 **이러한** 율법의 행위, 즉 유대인과 이방인을 구별하는 역할을 하는 "경계 표지"다.[3] 바울의 요지는 간단하다. 이방인은 할례를 받지 **말아야** 하는데, 하나님의 백성을 다른 모든 사람과 구별해 주는 진정한 '경계 표지'는 예수 그리스도를 믿는 믿음이기 때문이다. 던의 제안은 확실히 그럴듯하며, **자신의** 시대에서 벌어진 논쟁을 반영하는 루터의 해석보다 1세기 현실에 더 제대로 뿌리내린 해석으로 즉각 다가온다. 하지만 (내 생각에) 문제는 그렇게 단순하지 않으며, 루터를 그렇게 쉽게 일축할 수도 없다.

분명 현대의 해석자들은 바울의 칭의 공식("율법의 행위로 말미암음이 아니요 오직 예수 그리스도를 믿음으로 말미암아")을 야기한 상황을 제대로 그려 냈다. 그리고 확실히 이 공식의 최초 목적은 이방인 신자가 할례를 받아야 한다는 주장을 반박하는 것이었다. 하지만 내 생각에 바울이 "율법의 행위"를 언급했을 때 염두에 둔 것은 던의 "경계 표지"보다는 루터의 "선행"에 (동일하지는 않더라도) 더 가깝다.

율법과 율법의 '행위'

이 논의를 처음 접하는 사람들은 바울이 어떻게 자신의 '칭의 공식'을 말한 후에 논의를 이어 가는지 주목하라. "우리도[즉, 너 베드로와

---

3 James D. G. Dunn, "The New Perspective on Paul: Whence, What, and Whither?" in Dunn's *The New Perspective on Paul: Collected Essays* (Grand Rapids: Eerdmans, 2005), pp. 1-88, 여기서는 pp. 22-26.

나 바울, 우리 모두 유대인임에도] 그리스도 예수를 믿나니 이는 우리가 율법의 행위로써가 아니고 그리스도를 믿음으로써 의롭다 함을 얻으려 함이라." 바울이 말하는 '칭의'는 이방인 '죄인' 못지않게 베드로와 바울 같은 유대인도 필요로 했던 것이며(갈 2:15), 그들 모두 칭의에 이르지 **못하는** 길("율법의 행위로 말미암아")은 거부해야 했다. 바울의 요지를 성립시키는 것은 시편에 있는 다음과 같은 구절이다. "주의 종에게 심판을 행하지 마소서. 주의 눈앞에는 의로운 인생이 하나도 없나이다"(시 143:2). 바울은 이를 자신의 말로 바꾼다. "율법의 행위로 그의 앞에 의롭다 하심을 얻을 육체가 없나니"(롬 3:20). 만약 바울의 요지가 할례와 여타 '경계 표지'는 하나님의 백성과 식탁에 앉을 때 필요하지 않다는 것이었다면, 그가 시편 143:2를 자신의 주장을 입증하는 증거로 여긴 것은 차치하고 왜 그 구절을 생각했는지 그 이유가 불분명해진다. 하지만 만약 바울이 말하려던 바가 인간들이 (갈라디아 교인 같은 이방인뿐 아니라 베드로와 바울 같은 유대인도) 죄로 인해 그들의 어떤 행위로도 결코 하나님 앞에서 의롭다 여김을 받을 수 없다는 것이었다면, 시편에서 가져온 "주의 눈앞에는 의로운 인생이 하나도 없나이다"는 인용하기에 완벽한 구절이다.

현시점까지 이 책의 논증을 따라온 독자라면 앞 문단에서 말한 내용의 **일부**를 이해하는 데 아무 문제가 없을 것이다. 하나님의 진노가 임박하다고 확신하는 사람에게는 하나님의 인정을 받는 것이 긴급한 우선순위였다. 이들 중에는 바울과 바울에 의해 신자가 된 자들도 포함된다. 그리고 바울 자신도 "기록된 바 의인은 없나니 하나도 없으며"(롬 3:10) 죄인들은 오직 "예수 그리스도를 믿음으로 말미암아"(3:22) 의롭다고 선언될 수 있다고 믿었다. 남은 질문은 이것이다. '율법의 행위'가 '무엇이든 사람들이 행하는 것'과 동등한가? '율법의 행위'가 칭의의 근거가 됨을 부정하는 것은 사람들이 '선행'으로 의롭다 하심을 받지 못한다는 말과 같은가?

이에 대한 답은, 엄밀히 말해 그렇지 않다는 것이다. 바울은 정말 훨씬 더 구체적인 것을 염두에 두었다. 그는 누구든 모세 율법과 모세 언약의 체제 아래에서 살면 의롭다 하심을 받을 수 없다고 말하고자 했다(그러니 누가 할례를 받는 등의 행위를 통해 율법에 복종하겠는가?). 바울의 관심은 단지 그리스도인의 식탁 교제의 기준으로 제시된 경계 표지 준수에 있었던 게 아니라 모세 율법이 의에 이르게 할 길인지의 가능성에 있었다. 이것은 그가 논증의 첫 단계에서 내리는 결론을 보면 분명하다. "만일 의롭게 되는 것이 율법으로 **말미암으면** 그리스도께서 헛되이 죽으셨느니라"(갈 2:21). 당면한 논의 아래에서 목표는 식탁 교제가 아니라 '의'이며, 이 목표에 이르는 길이 될 수 없다고 거부된 것은 그저 경계 표지 요소가 아니라 '율법'이다. 같은 편지의 뒷부분에서 바울은 자신과 생각이 다른 사람들을 "율법 안에서 의롭다 함을 얻으려 하는" 자라고 묘사한다(5:4). 그리고 갈라디아서 전체의 논증은 (1장에서 보았듯) 모세 율법의 특정 **부분**이 이방인에게 불필요하다는 게 아니라 율법 아래에 있는 **모든** 이가 율법의 저주에 종속되어 있고, 죄 아래에 갇혀 있으며, 하갈과 그 자녀들 같은 노예이고, 여전히 초등교사 아래에 있다는 것이다. 율법이 임시로 맡았던 임무가 끝났는데도 말이다. 이들은 은혜, 자유, 입양된 하나님의 자녀들이 누리는 축복에서 끊어져 있다.

따라서 "율법의 행위"로 말미암는 (불가능한) 칭의(2:16)는 2:21과 5:4에서 말하는 "율법"으로 말미암는 (불가능한) 칭의와 다르지 않다. '율법의 행위'와 '율법'이 어떻게 상호 호환되는가? 이 구절에서 두 표현 모두 하나님이 시내산에서 모세에게 주신 계명을 가리킨다. 그리고 계명은 본질적으로 그것을 성취하게 하는 '행위'를 요구한다. 단순히 말해, 기본적으로 **어떤** 법이든 거기 내재한 것은 법에 종속된 자들이 법 규정을 준수해야 한다는 의무다. 이는 확실히 모세의 율법에 적용된다. "율법은 믿음에서 난 것이 아니니, '율법을[율법에서 요구하는 바를] 행하는 자는 그 가운데서[그리함으로써] 살리라' 하였느니라"(3:12, 레 18:5 인용). 게다가 법에 대한 이 근본 원칙이 바울의 논증에서 하나님의 법과 하나님의 약속을 구별하는 기준이다. 하나님이 약속하신 축복은 율법에 첨부된 축복과는 다르게 인간의 순종에 좌우되지 않는다. "만일 그 유업이 율법에서 난 것이면 약속에서 난 것이 아니리라. 그러나 하나님이 약속으로 말미암아 아브라함에게 주신 것이라"(갈 3:18; 참고. 롬 4:14). 따라서 축복의 조건으로 행위를 요구하는 법은 사실상 칭의에 이르게 하지 못한다는 주장은 아무도 '율법의 행위'로 의롭다 하심을 받을 수 없다는 말과 다를 바 없다.

    로마서에서 바울은 갈라디아서에서 그랬듯 "율법의 행위"(롬 3:20상반절, 28)를 "율법"(3:20하반절, 21)과 상호 호환하여 사용해 그가 거부하는 의에 이르는 길을 나타내고서, 계속해서 (갈라디아서에서 그랬듯) 왜 **그런** 율법이 하나님의 축복으로 이끌지 못하는지 설명한다(4:13-16). 더 늦게 쓴 편지(로마서—옮긴이)가 더 일찍 쓴 편지(갈라디아서—옮긴이)에서 분명히 드러난 내용을 더 확증한다. "사람이 의롭게 되는 것은 율법의 행위로 말미암음이 아니요 오직 예수 그리스도를 믿음으로 말미암는"것이라고 말할 때(갈 2:16; 참고. 롬 3:20-21, 28), 바울은 그리스도를 믿는 이방인 신자가 유대인 신자와 식탁에 앉기 위해 유대인의 경계 표지를 준수할 필요가 없다고 말하는 게 아니다(그런 교제는 롬 3장에 나오지도 않는다). 그의 요지는 율법이 의에 이르는 길이 될 수 없다는 것이다.

지금까지 말한 내용이 지니는 함의 하나를 강조할 필요가 있다. 만약 바울의 요지가 율법은 본질적으로 그리고 하나님의 뜻으로 인해 의에 도달하지 못한다는 것이라면, "사람이 의롭게 되는 것은 율법의 행위로 말미암음이 아니요"라는 바울의 말은 유대인들의 ('공로주의적') 율법 왜곡을 겨냥한 게 **아니다. 하나님에게서 주어진 그대로의** 율법 자체가 계명을 어긴 자들에게 저주를 내린다는 것이다(갈 3:10). 바울은 **하나님에게서 주어진 그대로의** 율법이 아브라함에게 주어진 약속을 무효화하거나 그 약속과 결합되어 하나님의 축복을 받는 조건으로 작용할 수 없다고 말한다(3:17-18). **시내산에서 주어진 그대로의** 율법이 정당성을 가지고—"초등교사"로서의 기간에—시내산에서부터 그리스도께서 오시기까지의 기간에 한정된다(3:17-25). 신자는 율법의 왜곡된 사용이 아니라 율법 자체(4:5), 율법의 "멍에"(5:1), 그 저주(3:13)로부터 "속량된다." 바울은 갈라디아 교인들에게 율법에 종속된 사람들이 어떻게 노예가 되는지에 관해 "율법 자체가 하는 말을 들으라고" 권면한다(4:21-5:1). 바울의 칭의 공식에서 '바울이 유대교에서 발견한 잘못'에 대한 실마리를 찾으려는 사람들은 유대교를 희화화하는 것처럼 바울의 논증도 잘못 이해하는 우를 범한다.

바울은 유대교 자체를 공격하지는 않지만,[4] 그가 믿도록 한 신자들에게 율법을 지키기를 요구하는 대적자들에게 반박하면서 왜 율법으로는 하나님이 모든 인간에게 요구하시는 의에 사실상 도달할 수 없는지 설명하고 있다. 율법과 **율법의** 의에 대해 더 이야기할 수 있는가?

율법과 의

로마서 2장은 그럴 수 있는 가장 분명한 근거를 제공한다. 가장 포괄적으로 얘기하면, 심판의 날에 하나님이 "각 사람에게 그 행한 대로 보응하실" 것이다(2:6).

> 참고 선을 행하여 영광과 존귀와 썩지 아니함을 구하는 자에게는 영생으로 하시고, 오직 당을 지어 진리를 따르지 아니하고 불의를 따르는 자에게는 진노와 분노로 하시리라. 악을 행하는 각 사람의 영에는 환난과 곤고가 있으리니, 먼저는 유대인에게요 그리고 헬라인에게며, 선을 행하는 각 사람에게는 영광과 존귀와 평강이 있으리니, 먼저는 유대인에게요 그리고 헬라인에게라. (2:7-10)

---

[4] 물론 바울은 유대인이 계속해서 율법으로 의를 추구하는 것이 잘못되었다고 생각한다. 하나님이 이제는 그리스도를 믿음으로써 의에 이르도록 하셨기 때문이다(롬 9:31-10:4).

여기 명시된 심판의 원칙은 물론, 바울이 우상숭배, 부도덕, 하나님의 종에 대한 박해 등의 잘못을 저지르는 자들에게 정죄나 진노가 임한다고 말할 때 그의 모든 편지에 전제되어 있다. 긍정적 원칙—선을 행하는 자에게 생명이 있음—은 단지 부정적 원칙의 정반대다. 그런데 바울은 여기서 즉각 2:7, 10에 등장하는 '선한 일'을 행하여 영생을 받을 자를 "율법을 행하는 자"와 동등하게 여긴다. "하나님 앞에서는 율법을 듣는 자가 의인이 아니요 오직 율법을 행하는 자라야 의롭다 하심을 얻으리니"(2:13). '율법을 행하는' 것이 곧 '선한 일'을 행하는 것이다. '율법을 행하는 자'가 유대인에 한정될 필요는 없으며, 이방인 역시 율법의 일을 행함으로써 율법의 요구에 대한 인식이 있음을 보여 준다(2:14-15; 앞서 3장의 논의를 보라). 다른 한편, 사람들은 그들이 마땅히 해야 할 바를 정기적으로 행하지 **않을** 때 마땅히 해야 할 바가 무엇인지 금방(그리고 의지적으로?) 혼란스러워하기 때문에, 하나님은 유대인과 이방인 모두에게 기대하시는 선을 모세의 율법에 구체적으로 명시하셨다. 이 율법을 가졌기에 유대인은 자신들과 이방인 모두에게 구속력이 있는 도덕적 책임을 이방인에게 가르치는 위치에 있다(2:17-22).

이 모든 것이 말하는 바는, 인간은 그들이 마땅히 해야 할 것과 마땅히 하지 말아야 할 것 사이에서 선택할 수 있는 **도덕적** 존재라는 것이다. 그들이 의로워야 한다고 말하는 것은 그들이 해야 할 것을 마땅히 해야 한다고 말하는 것에 불과하다. 인간이 된다는 것은 도덕적 책임('의롭게' 되어야 할 책임)을 진다는 것이다. 인간이 태어난 세상은 하나님의 지혜로 그 틀이 짜였고 하나님의 지혜로 계속해서 작동한다(잠 3:19; 8:12-31). 도덕성을 지닌 이 세상의 거주자들은 **자신들의 눈에 "옳은" 혹은 "지혜로운"** 것을 행하려는 유혹을 물리치고(잠 3:7; 12:15; 21:2) "합당한" 종류의 행동을 실천할 의무가 있는데(참고. 롬 1:28), 그것이 하나님의 지혜로운 창조 질서에 부합하기 때문이다. 개미들은 본능적으로 그렇게 한다(잠 6:6-8). 인간의 경우 '의롭고' '지혜롭게'(잠언에서는 두 용어가 상호 호환된다) 되려면 그렇게 행하는 선택을 해야 한다. 그리고 잠언에서 그런 것처럼 바울에게도 이 모든 것의 근본은 "여호와를 경외"하는 것이다(잠 1:7; 롬 1:21; 3:19).

하나님이 이스라엘에 주신 법에서 (최소한) 도덕적 계명은[5] 우주의 질서 잡힌 선함과 조화를 이루는 지혜로운 행동이 분명하게 구체화된 것으로서 모든 인간에게 요구된다. 이것은 바울이 만들어 낸 생각이 아니다. 바울 당시와 앞선 수 세기 동안의 유대인들은 모세의 율법이 '자연의 법' 혹은 '자연에 따른' 것을 구현하는 것이라고 말했다(참고. 롬 1:26-27). 사실 이 생각은 이미 신명기 4:6-8에 초기 형태로, 비유대인도 이스라엘의 율법의 '의'를 인정해야 한다는 주장에 담겨 있다. 바울은 이 율법 조항에서 임의적인 것은 아무것도 없다고 생각했다. 율법에서 금지한 것(살인, 간음, 도둑질 등)은 율법이 주어지기 전부터 죄였다. 율법이 주어진 후 율법은 죄를 하나님의 분명한 계명을 노골적으로 위반하는 것으로 바꿈으로써 죄의 죄성을 더 강화했다(롬 4:15; 5:13, 20). 바울은 율법에서 명하는 것은 **정말** (본

---

5   바울은 여기서 다루어지는 각 구절에 나오는 도덕적 계명을 생각하고 있다. 이것은 그가 제시하는 예를 보면 분명하다(롬 2:21-22; 7:7; 13:8-10).

질적으로) 선하다고 주장한다(7:12; 참고. 7:22; 13:8-10). 이것은 율법에서 어떤 것을 하라고 명했을 때만 그 행위가 선하거나 옳은 것이 **된다**는 말이 아니다. 그리고 율법의 계명은 어떤 것도 임의적이지 않기 때문에, 계명을 지키는 자들이 하나님이 보시기에 '의롭다'는 주장도 임의적이거나 협상할 수 있는 게 아니다. 율법은 그저 세상에서 사람들이 살며 마땅히 해야 할 것을 구체적으로 나타낸 것이다. 그리고 마땅히 해야 할 바를 행하는 자들은 단어의 일상적—그리고 바울이 이해한—의미에서 '의로운' 자다.

그러므로 율법과 그 계명에는 아무런 문제가 없다[그렇기는커녕 바울은 율법을 주장한다(7:12)]. 하나님이 율법을 행하는 자를 의롭다고 여기신다는 것은 세상이 작동하는 원리를 도덕적으로 이야기하는 단순한 진술이다. 하나님이 칭의를 위해 임의로 A라는 계획을 만드셨다가 B라는 계획으로 바꾸신 게 아니다. 다른 한편, 아무리 율법의 계명이 선하다 해도 율법에는 도덕적 선택으로 선물을 받은 인간이 율법에 순종하게 하는 능력이 없다. 앞서 보았듯, 율법은 위반자들을 정죄하고 저주하여 죄의 포로로 넘겨줄 뿐이다(고후 3:9; 갈 3:10, 21-22). 율법의 더 긍정적인 역할을 찾자면, 율법은 인간의 죄성을 분명히 인식시켜 준다고 할 수 있다(롬 3:20; 7:7-13). 율법의 요구에 복종하지 않는 자들은 결코 율법으로 의롭게 될 수 없다(8:7-8). 바울의 관점에서는 모든 인간이 그런 자이기 때문에 "사람이 의롭게 되는 것은 율법의 행위로 말미암음이 아니라고" 결론짓는 것이다.

앞서 보았듯, 율법을 행하는 자로서 의롭다 하심을 받는다는 것은(2:13) 참고 선을 행하여 영생을 받는 것과 다를 바 없다(2:7, 10).

따라서 '율법의 행위'로 의롭다 하심을 받을 수 없다는 말의 핵심은 선을 행함으로써 의롭다 하심을 받을 수 없다는 것이다. 루터가 갈라디아서 2:6의 공식을 일반화하여 칭의에서 어떤 '선행'의 역할도 배제했을 때, 그렇게 그는 칭의 공식을 식탁 교제의 조건으로서의 경계 표지에 대한 반대 선언으로 제한시킨 입장보다 바울의 요지에 더 가까이 있는 것이다. (다른 데서 그랬듯 여기서도 급히 한마디 첨가하면, 사실 바울의 공식이—이를테면 '현장에'—끼치는 **결과** 중 하나는 이방인 신자가 경계 표지 규정과 더불어 율법의 체제에 복종하지 말아야 한다는 것이다. 하지만 바울은 할례를 받는 자는 죄인을 하나님이 보시기에 합당한 의로 이끌어 주지 못하는 율법에 복종하는 것이라고 말함으로써 그 목표에 도달하다.)

바울의 칭의 공식이 가지는 또 하나의 함의에 주목해야 한다. 로마서 2:13에 따르면, "율법을 행하는 자라야 의롭다 하심을 얻을" 것이다. 다시 한번 반복하지만, 이 요지는 로마서 2:7, 10의 요지와 다를 바 없다. 선을 행하는 자가 영생을 얻으리라는 것이다. 많은 해석자가 이 구절을 최후의 심판에 대한 바울의 최종적 진술로 본다. 그 결과 어떤 이들은 이미 "믿음으로 말미암아 의롭다고 선언된('의롭다 하심을 받은')" 신자들조차 결국에는 그들이 행한 행위로 심판을 받을 것이고 하나님의 기준에 도달하지 못하면 정죄를 받으리라고 말한다. (처음의) 칭의는 믿음으로 말미암을지 모르지만 결국에는 행위에 따라 심판(**최종적** 칭의)이 이루어진다는 것이다. 이 해석자들이 주목하지 못하는 부분은, **어느 누구도** 사실 2:13에서 말하는 조건에 따라 의롭다 하심을 받지 못함을 로마서 3:20에서 명시적으로 밝힌다는 점이다. "율법의 행위로 그의 앞에 의롭다 하심을 얻을 **육체가**

없나니." **육체가 없다**는 말은 의롭다 하심을 받은 신자도 당연히 포함한다. 그들이 최후 심판에서 하나님의 인정을 받는다고 할 때, 그것이 그들이 '율법의 행위'를 이루었기 때문일 수는 없다.

바울은 2:13에서 말하는 도덕적 질서가 옳음을 부인하지 않았다. 그는 단지 그 도덕 기준에 따라 판단할 때 인간들이 의롭지 **않다**고 결론 내린 것이다. 그들은 하나님의 정죄에 직면한다(3:19-20). 오직 하나님의 비범한 간섭—그리스도 예수의 희생적 죽음—을 통해서만 "율법 외"의 의에 도달하는 또 다른 길을 죄인들에게 제시할 수 있게 된다(3:21-26). 복음을 믿는 자들은 "믿음으로 말미암아 의롭다 하심을 받고", 그들이 누리는 "믿음으로 말미암은 의"는 율법에서 난 의와 다르며(빌 3:9; 갈 3:11-12; 롬 3:21-22; 10:5-10), 그들은 율법의 정죄로부터 보호된다(고후 3:9; 롬 8:1; 참고. 갈 3:13). 그들은 율법에 대해 "죽었기" 때문에 율법이 그들을 정죄하지 못한다(갈 2:19; 롬 7:1-6). 하지만 그렇다고 그들이 결국 율법의 '행위'로 '의롭다 하심을 받는' 것도 아니다.

그렇다면 믿음으로 말미암은 의는 여전히 의며 "믿음의 순종"(롬 1:5)과 그것을 통한 '의'는 "육신을 따르는"(8:5-8, 13) 삶과 양립할 수 없다. 바울은 그의 교회 신자들에게 옛 삶의 방식을 유지하면서도 새 창조의 축복을 누릴 수 있다는 생각은 위험하다고 반복해서 경고한다. 불의한 자는 하나님의 나라에 속할 수 없다(참고. 롬 6장; 고전 6:9; 갈 5:19-21; 6:8). 신자들의 행위도 심판을 받을 것이다(고후 5:10; 참고. 롬 14:10-12; 고전 3:10-15). 바울 자신도 이 사실을 진지하게 받아들였다(고전 9:25-27; 고후 5:10-11).

하지만 그렇다 해도, 바울이 믿음에 근거한 예기적(anticipatory) 칭의—"정죄함이 없게" 하는 칭의(롬 8:1)—를 다른 기준('율법의 행위'의 실천 여부)에 근거한 최종적 칭의와 구별해 원래 하나님이 하신 선언에 이의를 제기할 수 있다는 뜻으로 말했다고는 상상도 할 수 없다. 결국 죄된 인류에 적용되는 결정적 기준은 믿음이다. 믿음이 없이 사람들은 "죄 안에서"(6:1-2), 그리고 "죄 아래에서"(3:9) 산다. 그들이 하는 모든 것이 (3장에서 보았듯) 하나님께 드려야 할 것을 드리지 못하는 근본적 죄로 인해 손상된다. 그러나 복음 속 하나님의 부르심이 믿음을 불러일으키는 곳마다 하나님의 새로운 역사가 시작되었다(고후 5:17; 빌 1:6; 살전 2:13; 5:24). 신자들은 하나님의 은혜로 의롭다는 선언을 받아 "은혜 안에서"(롬 5:2; 갈 1:6) 그리고 "은혜 아래에서"(롬 6:14-15) 생명을 누린다. 그들이 구원자의 고난에 참여할 때조차 하나님의 호의가 그들에게 임한다. 그들이 어떤 선행을 하든 그것은 그들을 지탱해 주시는 하나님의 은혜로 된 것이며(고전 15:10; 고후 12:9), 그들의 도덕적 과오—이 경우, 불신자들의 근본적 죄라는 특징이 없다—조차도 회복이 허락된다(갈 6:1). 물론 믿음의 공동체 안에 있는 모든 이가 진정으로 '믿음 안에' 있는 것은 아니며, 자기반성은 필수다(고후 13:5). 믿음이 참되지 않고 지속되지 않은 자가 정죄를 받을 가능성이 분명 남아 있다(고전 10:1-12; 15:2; 골 1:22-23).[6]

---

6   신학자들은 그렇게 정죄를 받은 자가 진정으로 '구원받은' 적이 있었는지 계속해서 논쟁할 것이다. 그들이 구원받았다가 배교함으로써 구원을 잃은 것인지, 아니면 나중에 드러난 불성실함이 그들이 진정으로 신자였던 적이 없었음을 입증한 것인지를 두고 벌이는 논쟁이다. 이 두 입장 모두 구원받는 믿음은 인생 내내 지속되어야 하며 삶 속

하지만 정말 그리스도께 속한 자들은 하나님의 영이 그들 안에 내주하며(롬 8:9) 성령의 임재는 변화를 일으킬 수밖에 없으므로 "의의 열매"가 따르게 된다(갈 5:22-23; 빌 1:11). 믿음과 함께 시작된 하나님의 역사가 믿음의 지속과 더불어 지속된다(빌 1:6; 살전 5:24). 그래서 신자의 칭의는 시작과 끝 모두 믿음에 기초한다.[7]

에서 행위로 드러난다고—이는 바울과 일치한다—주장한다.

[7] 이 마지막 문단들에서 논한 이슈는 John M. G. Barclay, "Believers and the 'Last Judgment' in Paul: Rethinking Grace and Recompense", in *Eschatologie— Eschatology: The Sixth Durham-Tübingen Research Symposium; Eschatology in Old Testament, Ancient Judaism, and Early Christianity* (Tübingen, September, 2009), ed. Hans-Joachim Eckstein, Christof Landmesser, and Hermann Lichtenberger, with help of Jens Adam and Martin Bauspiess (Tübingen: Mohr Siebeck, 2011), pp. 195-208에서 가장 유익하게 다루어진다.

6장

Justification
Reconsidered

칭의와 '칭의론'

여기서 더글러스 캠벨(Douglas Campbell)의 묵직한 연구서 『하나님의 구출』(*The Deliverance of God*)에 대한 서평을 쓸 수는 없다.[1] 지난 다섯 장에 걸쳐 나는 '칭의'가 의미하는 바가 무엇인지, 그리고 그것이 어떻게 바울의 편지와 생각에 잘 맞는지 보여 주려 했다. 결국 그와 같은 작업은 '칭의론'을 바울 신학에서 제거하려는 캠벨의 노력을 반박하는 데 기여할 것이다. 여기서 내 목적은 칭의론이 부적절하다는 캠벨의 주장을 평가하는 게 아니다. 단지 칭의에 대한 바울의 이해가 캠벨이 말하는 칭의 개념에 부합하는지 그렇지 않은지, 혹은 어느 정도 부합하는지 살펴보는 것이다. 앞서 주장했던 요지 중 어떤 내용은 불가피하게 반복되겠지만, 캠벨이 강하게 거부하

---

[1] Douglas A. Campbell, *The Deliverance of God: An Apocalyptic Rereading of Justification in Paul* (Grand Rapids: Eerdmans, 2009). 이번 장 본문에서 언급하는 페이지는 이 책의 페이지다. 정의롭게 질서 잡힌 세상에서는 이 특이한 1,200페이지짜리 책에 대한 서평을 안 써도 되는 것을 무척 다행으로 여기기만 해선 안 되고 그런 수고를 대신해 준 사람들에게 응분의 감사를 표해야 한다. 그들은 다른 이들의 유익을 위해서 자신의 학문 인생의 상당 부분을 들여 서평을 썼다. 가장 중요한 서평은 분명 R. Barry Matlock, "Zeal for Paul but Not according to Knowledge: Douglas Campbell's War on 'Justification Theory'", *Journal for the Study of the New Testament* 34 (2011): pp. 115-149일 것이다.

는 칭의 개념과 내가 이해한 바울의 주장을 비교하면서 더욱 명확해지는 바가 분명 있을 것이다.

'칭의론'

캠벨의 '칭의론'에서 하나님은 처음부터 끝까지 인과응보의 집행자다. 그의 강조점은 선의가 아니라 정의다.[2] 이론 자체는 개인주의적·조건적·계약적이다(p. 3). 즉, 하나님이 각 개인을, 따로따로 하지만 엄격하게, 그리고 규정된('계약적') 기준에 따라 판단하신다.

> 하나님의 정의는…인과응보적이다. 의로운 자들에게 필연적으로 보상을 주고 죄지은 자들을 확고하게 심판해야 한다. 그런 심판이 축적되어 초래하는 최종의 집합적 결과가 무엇이든 상관없다. 요컨대, 칭의 모델은 법정적으로 인과응보적인 하나님을 먼저 인식해야 함을 강조함으로써 개인에게 구원에 대한 압박을 느끼게 한다. (pp. 15-16)

이렇게 접근하면 어떻게 설명하든 그 모델은 조건성을 그 특징으로 가지며, 그 결과 본질적으로 계약적 구조를 지니게 된다. "**만약** 네가 x(선한 것)를 행한다면, **그러면** 보상을 받을 것이다. 동시에 **만약** 네가 y(악한

---

[2] 칭의 모델에서는 "모든 사람이 예외 없이 하나님을 도덕적인 분으로, 특히 의로운 행위에 상을 내리고 범법 행위를 심판하는 결정권자로 인식한다고 주장한다. 따라서 하나님은 일차적으로 판사에 비유된다"(p. 16).

것)를 행한다면—혹은 x를 행하지 못한다면—**그러면** 심판받을 것이다." (p. 17)

칭의론에서 상정하는 첫째 계약 아래에서 하나님의 인정을 받아 영원한 축복을 누리기 위한 조건은 보통 윤리적 완전함으로 이해된다(pp. 19-20). 그리고 어떤 식으로든 [모세 율법에 노출되거나 인간의 양심에 그 율법의 더 희미한 복제본을 가짐으로써(p. 16)] 사람들이 자기에게 요구되는 것이 무엇인지를 알고 있으리라고 가정한다. 이들은 합리적 개인이기 때문에 이 요구에 따라 행동하는 것이 자신에게 가장 이익이 됨을 인식할 것이다. 따라서 적절한 윤리는 자기 이익에 의해 그 동기가 부여된다(p. 31). 여기서 문제는

> 사람들이 완전하지 않다는 것이다. 우리는 죄를 짓는다. 그리고 때때로 상당히 자주 죄를 짓는다. 더욱이, 만약 우리가 스스로를 충분히 정직하게 살펴본다면 우리 **모두** 이를 깨달으리라고 추정된다.…상 받는 자격에 대한 **기준**을 정확히 이해하여 그 자격을 확보하기 위해 **엄격히** 헌신한 가운데 그에 비추어 정직하게 자신을 돌아보면 결국 절망으로 향하는 루터의 여정을 반복하게 되거나 최소한 그와 비슷한 구원론적 입장에 도달하게 된다.…그런 자기반성의 결론은—정확한 예견 속에서—하나님의 최종 심판의 결과가 부정적이리라는 것이다.…합리적 개인들은 이제 두려워하고 어떻게든 이 불가피한 결과를 피하기를 바란다. (p. 21)

이제 "모델의 두 번째 단계"에 진입하자. 이 단계는 "첫 번째보다

훨씬 더 관대하며"(p. 23), 그리스도의 죽음에 초점을 맞춘다. "하나님의 정의는 느슨해지지도 타협되지도 않고 대가를 치름으로써 **만족되는데**, 최소한 어느 시점에서 잘못에 대한 **처벌**을 받아야 대가가 치러진다. 따라서 이에 맞는 모델은 형벌적이고 만족적인 속죄론이다.…그리스도의 만족적인 희생적 죽음은 확정적이고 '에파팍스' [ephapax, 단회적(once and for all)]하다"(p. 24). 하지만 여전히 그리스도의 희생적 죽음의 유익은 죄인들에게 자동으로 전달되지 않는다. 그들은 "계약의 기준을 충족시켜야 한다"(p. 25). 하지만 죄인들에게 너무 많은 요구를 해서는 안 된다. "구원에 대한 어떤 새 기준도 **적당히 감당할 수** 있어야 한다"(p. 25, 캠벨 강조). 물론 그 기준은 믿음이다. 믿음은 분명 "율법 아래에서 엄격하게 요구된 도덕적 완전성(혹은 51퍼센트라 하더라도)에 비해 훨씬 덜 힘든 기준이지만, **그럼에도 기준은 기준이다**"(p. 26, 캠벨 강조). "칭의 모델은 이 모델의 2단계에 상응하는 두 계약에 관한 이야기다. 물론 첫째 계약은 본질적으로 불안정하며 합리적 인간으로 하여금 둘째 계약을 받아들이도록 냉혹하게 인도하긴 하지만 말이다"(pp. 27-28). 정확히 왜 '믿음'이 그리스도의 대속적 죽음을 신자의 유익이 되도록 작용하게 만드는지는 명확하지 않다(p. 56). 한 가지 **정말** 명확한 것은, 누구든 그가 계산적이고 자기 이익을 추구하는 개인이라면, 일단 다른 선택지(하나님의 심판)를 이해한다면 그에게는 결국 믿음이 합리적 선택이라는 것이다.[3]

---

3   "상당히 합리적인 개인들은 중요한 결정을 내리고서 구원받지 못한 상태에서 구원받은 상태로 이동한다"(p. 4).

캠벨에 의하면 **진짜** 바울은 '칭의론'의 주창자가 아니라 묵시적 구속의 사도다. 그는 이를 그가 반대하는 이론과 대비하여 조목조목 정의한다. 캠벨의 대안을 다루는 것은 우리의 연구 범위를 넘어선다. 하지만 이 정도는 주목할 만한데, 다른 바울 해석자들은 바울의 칭의 언어와 구속에 대한 바울의 묵시적 견해 **모두**를 설명하는 것을 그들의 임무로 삼지만 캠벨은 후자만을 주장하고자 전자를 일축한다는 것이다. 캠벨이 이 둘을 상호 배제적 체계로 묘사하는 가장 기초적인 이유 중 하나는 이 두 체계가 하나님에 대한 서로 다른 관점을 가정하고 있다는 그의 믿음이다. "칭의의 하나님은 정의로우시지만 대안 이론의 하나님은 자비로우시다. **하나님에 대해 근본적으로 다른 생각이 작용하고 있다**"(p. 184, 캠벨 강조).

창조 세계의 선함—그리고 도덕적 질서

선하신 하나님과 정의로우신 하나님 중 하나를 선택[4]해야 한다는 생각은 적어도 마르키온까지 거슬러 올라가며, 그에 대한 이레나이우스(Irenaeus)의 반응은 여전히 유효하다. 선하고 정의로운 존재가 아니라면 하나님이 아니다(*Against Heresies* 3.25.3). 캠벨이 정의하는 '칭의론'의 문제는 이 둘 사이의 불가분한 연결을 파악하지 못한 데서 시작된다.

---

[4] 어떤 의미에서는 분명하다. 자신의 본성이 인간의 선택에 종속되는 신은 하나님이 아니다.

그의 '칭의론'은 (많은 현대의 이론처럼) 자연에서 자연 자체의 선함을 인식하지 못한다. 우리를 둘러싼 세상은 그저 중대한 인간의 삶이 펼쳐지는 무대에 지나지 않는다. 윤리의 영역은 인간의 행동을 위해 규정된 규칙으로 정의된다. 죄는 규칙 위반에 해당하며, 규정자가 시행하지 않기로 결정하면 아무런 대가 없이 들키지 않고 넘어갈 수 있다. '정의로운' 규정자라면 엄격한 시행을 주장하는 반면, 자비로운 규정자라면 시행하지 않는 쪽을 선택할 것이다. 시행하지 않는 데 따른 불가피한 결과는 규정된 규칙이—그리고, 사실 인간의 윤리적 선택이—사소하게 여겨지는 것이다.

바울이 달리 생각한다는 것은 그의 확신으로부터 즉시 드러난다. 그는 율법의 요구가 "의롭고"(혹은 '정의롭고')**도** "선하며"(롬 7:12; 참고. 7:16), 율법을 지키지 못해 좌절감이 깊어도 율법이 자신의 속사람이 갖는 "즐거움"의 근원이 된다고 확신한다(7:22). 우리는 물어야 한다. 어떻게 **명령**이 '옳고' '선할' 수 있는가? 세상 자체는 하나님의 선하심으로 가득 차 있고, 그 결과로 그 자체의 깊은 선함을 가지고 있다. 그 선함은 단지 미학적 아름다움에 관한 사안이 아니다. 창조 세계의 구조와 질서는 지혜롭게 만들어졌다. 도덕적 질서의 아름다움은 세상에 거주하는 이들에게 그 선함에 알맞게 행동하기를 요구한다. 감사와 고마움만이 모든 선한 것을 아낌없이 주신 분께 보일 수 있는 적절한 반응이다(1:21). 창조 세계의 선함과 그 안에서의 우리의 위치를 인식할 때 우리는 자연스럽게 동료 피조물을 존중과 호의로 대할 수 있고, 진실하게 말할 수 있으며, 자신의 말에 충실할 수 있고, 공정하게 일을 처리하며, 도움이 필요한 자를 긍휼히 여기는 등의 행동을 할 수 있다. 이런 것들은 임의로 규정된 규칙의 요구가 아니며 선택적으로 시행할 수 있는 것도 아니다. 이것들은 **올바르게 질서 잡힌 우주에서 살고 그 우주를 유지하는 조건**이다. 인간에게 유익이 되도록 그런 적절한 행위를 구체적으로 명시해 주는 법은 옳고 선하다. 반대로, 죄는 단순히 규칙 위반이 아니라 창조 세계의 선함을 더럽히고 손상시키는 일이다. 선한 창조 세계가 훼손되어도 그것을 간과하는 신은 선하지도 않고 정의롭지도 않다. 하지만 시편 기자가 확신시키건대, 우리의 하나님은 그렇지 않다. 그리고 그런 하나님께 모든 창조 세계가 감사해한다.

> 하늘은 기뻐하고 땅은 즐거워하며
> > 바다와 거기에 충만한 것이 외치고,
> 밭과 그 가운데에 있는 모든 것은 즐거워할지로다.
> > 그때 숲의 모든 나무들이 여호와 앞에서 즐거이 노래하리니
> 그가 임하시되
> > 땅을 심판하러 임하실 것임이라.
> > 그가 의로 세계를 심판하시며 그의 진실하심으로 백성을 심판하시리로다. (시 96:11-13)

시편 기자의 비전과 캠벨의 칭의론자 사이에서 선택하라고 한다면, 바울은 분명 전자의 편에 설 것이다. 창조 세계는 지금 훼손된 상태에서 신음하며 하나님이 창조 세계의 선함을 회복하실 그 날을 갈망하고 있다(롬 8:20-22). 회복은 불가피하다. 하나님은 자신이 시

작하신 것의 선함이 파멸로 끝나도록 용납하지 않으실 것이다. 만약 훼손된 상태가 당분간 개선되지 않고 지속되는 경우, 회복의 지연 자체도 하나님의 선하심에 대한 증거다. 하나님이 창조 세계를 오용하는 자들에게 그들이 가는 길을 바꿀 시간을 주시는 것이기 때문이다(2:4). 그러나 결국, 선한 것보다 자신에게 이익이라고 인식하는 것을 고집스럽게 우선시하는 사람들이 선한 창조 세계에서 차지할 자리는 없을 것이다. 선을 훼손하는 자들을 선의 영역에서 (정당하게) 제외시키는 것은 하나님의 선하심을 감소시키지 않는다.

정말로 구약성경에서는 인간의 죄의 결과를 여러 다른 방식으로 말한다. 때로는 죄인이 하나님의 심판에 의해서가 아니라 단지 그들의 죄가 불가피하게 작용한 결과로 처벌받는 것처럼 말한다. 자연 자체의 질서가 이를 위반한 자에게 반동하는 것이다.

> 너희 죄가 반드시 너희를 찾아낼 줄[즉, 되돌아와 괴롭힐 줄] 알라.
> (민 32:23)

> 대저 너희가 지식을 미워하며, 여호와 경외하기를 즐거워하지 아니하며…그러므로 자기 행위의 열매를 먹으며 자기 꾀에 배부르리라. 어리석은 자의 퇴보는 자기를 죽이며 미련한 자의 안일은 자기를 멸망시키려니와. (잠 1:29-32)

다른 본문에서는 하나님의 심판을 말한다. 각 사람에게 하나님이 보응하실 것이다[예컨대 시 18:20-27(히브리어 본문에서는 18:21-28)].

말하는 방식이 달라도 그 사이에 모순은 없다. 하나님이 자신이 지으신 도덕적 질서의 작용과 유지를 감독하시기 때문이다. 똑같은 패턴이 로마서 1-2장에도 나온다. 여기서 바울은 하나님의 심판[모든 이를 그들의 행위에 따라(2:6)]을 말할 뿐만 아니라, 하나님이 사람들의 악행이 초래한 결과 가운데 "[그들을] 내버려 두신다"고도 말한다(1:24, 26, 28).

이 모든 것은 캠벨의 '칭의론'의 '첫 번째 단계'와 현저히 다르다. 우리가 다루려는 것은 선하지 않은 하나님에 의해 엄격히 집행되는 가혹한 계약이 아니라 선하고 정의로우신 하나님에 의해 유지되는 선하고 정의로운 법이며 그 안에 뚜렷이 표현되어 있는 도덕적 질서의 선함이다.

칭의의 선함

만약 인간이 마땅히 살아야 하는 대로 살았다면 구속이 필요 없었을 것이다. 하지만 인간은 그렇게 살지 않으며, 에덴의 순전함과 자연스런 선함을 회복하는 것은 그들의 능력을 넘어서는 일이다. 인간은 뻔뻔하고 또 미묘한 방식으로 죄를 짓는다. 모든 이가 뻔히 아는 지독한 행동('뻔뻔한 죄')을 하기도 하고 자신들 스스로에게서도 가려진 부끄러운 동기["숨은 허물"(시 19:12-13)]를 품기도 한다. 사람들이 행하는 선조차도 하나님 및 다른 이들에 대한 순전한 사랑의 자연스러운 표출인 경우는 거의 없다. '육신'의 동기가 침범한다. 자신들을 지으신 분의 선함을 마음으로 기뻐하고 흠모하기는커녕 그 선함을 제대로 바라보지도 못할 정도로 인간의 시야는 너무 흐리다. 하나님의 옛 창조 세계를 그렇게 훼손한 인류는 새 창조 세계에 속할 수 없다.

이 책에서 자주 말한 요점을 반복하자면, 칭의는 다름 아니라 바울이 아담 같은 인간들의 구원과 변화를 묘사하는 방법 중 하나이며, 다른 방법들과 함께 그것만의 위치를 인정받아야 한다. 사람들은 그들이 마땅히 살아야 하는 대로 살지 못했고, "불의한 자는 하나님의 나라를 유업으로 받지 못할" 것이다(고전 6:9). 하지만 하나님은 그리스도의 죽음으로 인류의 죄의 문제를 해결하심으로써 신자들을 의롭다 하시고, 이를 통해 자신이 선하시고 **또한** 정의로우심을 보이신다(롬 3:24-26).

그렇다면 이것은 첫째 계약보다 '더 부드러운' 계약인가? 그리고 믿음은 윤리적 완전성보다 더 충족 가능한 조건인가? 이것은 확실히 바울의 관점이 아니다. 믿음은 정말로 필수적이다. 자신의 나라에서 누구든 제외하실 수 있는 하나님에 대한 반역을 멈춘다는 신호이기 때문이다. 믿음은 정신뿐 아니라 전 존재가 복음에 드러난 하나님의 선하심에 동의한다는 표시다["믿음의 순종"(롬 1:5)]. 하지만 바울은 믿음을 인간에게 요구될 수 있는 더 어려운 행위와 구별하지 않고, 어떤 종류든 인간의 '행위' 자체와 구별한다(4:4-8; 9:32; 갈 3:11-12). 믿음은 자기 이익을 추구하는 개인들의 합리적 선택과는 전혀 다르다. 믿음은 복음에 대한 동의로서 하나님 자신이 복음 선포를 통해 동의를 불러일으키신다(롬 10:17; 살전 2:13). 사실 바울이 "신자들"을 가리키는 데 사용하는 또 다른 용어는 "부름받은 자들"

이며 이 두 명칭은 밀접하게 연관되어 있다(고전 1:21과 1:24을 비교해 보라). 신자는 복음 안에 있는 하나님의 효과적인 **부르심**을 듣고 믿음으로 반응하는 자다(살후 2:14). 따라서 그들의 믿음은 그 자체가 하나님의 선물이다(빌 1:29). 그들의 삶 속에서 하나님이 시작하신 선한 일은 그들이 "그리스도의 날"에 하나님 앞에 "진실하여 허물없이" 설 때 하나님의 영의 능력으로 완성될 것이다(빌 1:6, 10; 참고. 살전 5:23-24).

7장

Justification
Reconsidered

간단히 말해서

많은 사람이, 현대 서양에 사는 사람들조차, 우리가 아름다운 세상을 선물로 받았으며 세상의 선함을 많이 망쳐 놓았다는 인식을 바울과 공유한다. 그렇게 한 것에 대한 도덕적 책임감과 죄책감도 느낀다. 우리가 인식하는 문제의 뿌리는 인간의 탐욕이며 우리 자신 외의 다른 것들의 안녕에 대한 노골적인 외면이다. 다만 모든 시대의 인간이 그러하듯이 우리는 주된 책임을 우리 자신의 죄보다 다른 사람들의 죄로 떠민다. 우리는 아마도 분노 폭발, 상처를 주는 말, 간편한 거짓말, 마음속에 품은 원한이 어떻게 우리에게 주어진 인생의 선함을 망가뜨리는지에 대해 마땅히 가져야 할 정도 이하의 인식을 가지고 있는 것 같다. 우리들의 직접적인 삶의 환경 속에서, 그리고 국가들의 정세에서도 불의하고 잔혹한 일이 너무 많이 발생하고 있다. 이는 우리가 사는 세상이 마땅히 되어야 할 세상의 상태와는 다르다는 사실을 우리에게 상기시킨다.

우리의 이러한 인식을 사도 바울도 공유한다. 우리는 잃어버렸지만[바울은 우리가 "막혔다"고 말할 것이다(롬 1:18)] 바울은 가지고 있던 것은, 아름다운 세상이라는 선물과 인생의 선함이 이것들을 **주신 분으로부터** 비롯되었다는 인식이다. 감사를 표하는 것은 그 자체로 옳고도 아름다운 일이며, 우주의 선함과 조화를 이루고 있다는 표시다. 그렇게 하지 못한다는 것은 자신이 세상의 선함에 대해 무감각하고 그것과 대립하고 있음을 나타낸다. 이러한 잘못은 불가피하게 선에 대한 다른 왜곡을 낳고 삶의 모든 측면을 오염시키고 손상시킨다(1:18-32). 우리는 우리가 사는 이 세상이 그것이 마땅히 갖춰야 하는 모습과 다르다고 인정할 수 있지만 결국 왜 그런지는 말할 수 없다. 바울은 도덕적 감수성 자체가 우리를 만드신 분이 주신 선물이자 도덕적 질서의 선함을 들여다보는 창문으로 보았다(2:15). 하지만 우리에게 도덕적 감수성이란 실체와 접점이 없는 그저 개인적 가치일 뿐이다. 왜 세상이 지금과 달라야 하는지는 말하지 못하기에, 세상이 달라지리라는 소망을 가질 근거가 없다. 창조 세계가 '아주 좋게' 지어졌다고 확신한 바울은 분명 창조자께서 결국 세상이 멸망하게 놔두시지 않으리라고 보았다. 언젠가는 그분이 세상에 의도된 선함을 회복하실 것이었다.

하지만 세상을 바로잡으시기 위한 하나님의 개입은 창조 세계의 타락에 참여한 자들에게는 임박한 위험이다. 그들은 완전한 변화에서 제외되기 때문에 올바로 질서 잡힌 세상에 속할 수 없다. "불의한 자는 하나님의 나라를 유업으로 받지 못할" 것이다(고전 6:9; 참고. 갈 5:19-21). 현재 상태에서는 심판과 정죄만이 그들을 기다리고 있다. 바울의 메시지는 이 점에서 분명했으며, 그의 메시지가 강력하게 다가온 자들은 어떻게 은혜로운 하나님을 찾을 수 있을지 고민할 수밖에 없었다. 하지만 바울이 전하도록 "위탁받은" 메시지의 실체는 "복음"이었다(살전 2:4). 예수 그리스도 안에서 역사하신 하나님은 의로운 정죄를 피하여(살전 1:10; 5:9) 다가올 시대의 영광을 나누는 방법을 제공하셨다(롬 5:1-2). 그리스도를 본떠 만들어진 새로운 인류가 새 창조 세계에서 생명을 누리도록 준비되고 있다. 이들은 일종의 둘째(이번에는 **순종적인**) '아담'으로서 자신의 불순종으로 옛 인류의 불순종을 초래했던 첫 아담과는 다르다(롬 5:14-19; 고후 5:17).

바울은 그리스도를 통해 가능해진 구원과 변화를 여러 방법으로 말하며, 칭의는 그중 하나다. 바울의 칭의 본문에만 집중하면 그의 사상의 중요한 면들을 놓치게 된다. 물론 바울이 칭의 본문에서 말하려는 바를 간과하거나 왜곡해도 똑같은 결과가 나온다. (비록 구원을 많이 말하긴 하지만) 칭의 언어는 데살로니가 교인들에게 보낸 바울의 편지에서는 사용되지 않는다. 고린도 교인들에게 보낸 편지에서는 가끔이나마 등장한다. 그릇된 행동을 저지름으로써 그들은 다른 모든 사람과 같이 '불의하게' 되었다. 하지만 그들은 "주 예수 그리스도의 이름과 우리 하나님의 성령 안에서…의롭다 하심을 받았다(혹은 '의롭다고 선언되었다')"(고전 6:9-11).

바울이 편지를 썼던 갈라디아 교인들도 믿음이 있었지만, 최근 그들을 방문한 선생들은 이방인으로서 하나님의 백성에 속하고 싶으면 할례를 받아 유대인처럼 살아야 한다고 주장했다. 바울의 대답은 그런 주장은 정신 나간 거짓말이라는 것이었다. 그 아래의 모든 사람을 종으로 만들고 저주하는 언약의 율법에 왜 종속되어야 하는가? 이 주장을 펼치며 바울은 칭의의 그림으로 돌아간다. 칭의를 필요로 하는 죄인들은(이방인이나 유대인이나 똑같이, 모든 인간이 죄인이다) "사람이 의롭게 되는 것(혹은 '의롭다고 선언되는 것')은 율법의 행위로 말미암음이 아니요 오직 예수 그리스도를 믿음으로 말미암는다"는 것을 이해해야 한다(갈 2:16). 결국 이 원리는 성경에서 찾을 수 있다. "아브라함이 하나님을 **믿으매** 그것을 그에게 의로 정하셨다"(3:6).

갈라디아 교인들에게 쓴 편지에서 유용하게 사용되었던 구원의 그림이 로마서의 앞부분에 등장하는 바울의 복음 요약에서는 초점이 된다. 사람들은 그들이 마땅히 해야 하는 대로 행하지 않으며 그로 인해 하나님의 심판과 "진노" 아래에 놓이게 된다(롬 1:18-32). 모세의 율법은 그들이 **마땅히** 행해야 하는 선을 완벽하게 상기시키기 위한 목적에 기여했다(2:17-18). 사람들이 율법을 지켰다면, 하나님이 그들을 의롭다 하셨을 것이다(2:13). 그러나 마땅히 해야 하는 바를 본성적으로 하지도 못하고, 하고 싶어 하지도 않는 자들에게는[모든 인간이 그렇다(3:10-18)] 율법이 죄를 깨닫게 하는 역할만 할 뿐 의에 이르는 길이 되지는 못한다. "율법의 행위로 그의 앞에 의롭다 하심을 얻을 육체가 없나니 율법으로는 죄를 깨달음이니라"(3:20). 이 구절은 유대교의 '공로주의'—마땅히 해야 할 바를 행하려는 자들은 '공로주의자'가 되어야 한다—에 대한 공격이 아니다. 율법이 의에 이르는 길이 아니라는 생각의 근거는 대부분의 유대인이 가졌던 인식보다 더 급진적인 인간의 죄성에 대한 인식이다. 그 결과로 바울은 죄인인 인간들이 가질 수 있는 유일한 의는 '행위 없이' 하나님의 은혜의 선물로 주어지는 의라고 보았다(3:24; 4:2, 6; 5:17). 다른 유대인들은 이런 식으로 은혜와 행위를 구별할 필요를 느끼지 못했다.

하나님이 죄인들에게 의롭다는 선언을 정당하게 하실 수 있는 것은 오직 그리스도가 그들의 죄를 짊어지고 희생적 죽음을 당하심으로써 속죄를 이루셨기 때문이다. 하지만 그런 선언이 은혜의 선물이라고 해도 그것을 받아들이는 과정이 필요하다. 여태까지 하나님께 마땅히 드려야 할 바를 드리지 못했던 자들이(1:21) 저항을 멈추고 그분의 아들이 이루신 구속 사역을 믿으면 하나님이 그들에게 의롭다 선언하시는 것이다(3:22, 28; 5:1). 그들의 믿음의 고백이 공허한 것으로 판명되지 않고(고전 15:2) 인생의 시련 속에서도 믿음으로 점철된 **삶**을 지속한다면(롬 5:3-5; 골 1:22-23), 최후의 심판에서는 복음 속 하나님의 부르심에 그들이 처음 응답했을 때 받았던 선언을 다시 확증할 것이다. 그들은 믿음으로 의롭다 하심을 받을 것이다(갈 5:5-6).

최근에 제기된 여러 도전에도 불구하고 나는 바울의 칭의 교리에 대한 이런 이해가 바울의 본문에 더 충실한 해석이라고 믿는다. 고대인들은 은혜로운 하나님을 찾는 데 관심이 없었다는 주장으로 이 해석을 일축할 수는 없다(임박한 하나님의 심판 앞에서 어떻게 그럴 수 있겠는가?). 이 해석은 1세기 유대인들을 공로주의자라고 잘못 이해한다는 주장이나(이 해석의 표적은 오히려 모든 인간의 죄성이다) 비그리스도인 유대인 역시 하나님의 은혜에 의존했다는 주장(물론 그랬지만 바울처럼 은혜와 행위를 구분할 필요를 동반하지는 않았다)에 의해서 기각되지 않는다. '의'가 '언약의 일원이 되는 것'을 뜻한다는 주장(결코 그렇지 않고 앞으로도 그렇지 않을 것이다)과 '율법의 행위'라는 표현이 유대인들의 경계 표지를 가리킨다는 주장(이 표현은 율법이 의에 이르는 **율법의** 길로서 요구하는 모든 '의로운' 행위를 가리킨다)에 의해서도 기각되지 않는다. 현대의 학자들이 옳게 주목한 점은 바울이 그리스도를 믿는 이방인 신자도 할례를 받아야 하느냐는 질문에 답하면서 칭의의 언어에 처음 초점을 맞추었다는 것이다. 그들은 당연히 바울의 칭의 교리가 그 시대에 사회적 함의를 가졌다는 점(칭의가 지니는 '현장에서의' 의미)을 강조하며, 칭의가 우리 시대에 갖는 사회적 함의를 자유롭게 도출한다. 하지만 칭의의 **의미**는 죄인이 예수 그리스도를 믿을 때 의로운 행위가 없어도 하나님이 그를 의롭다고 선언하신다는 것이다. 그렇게 의롭게 된 자들이 하나님의 새 창조 세계의 백성이 되는 새 인류를 형성한다(롬 5:17-19).

성경 찾아보기

구약성경

창세기
6:9 102, 106
7:1 106
15:6 37
18:22-33 106
18:25 103

출애굽기
20:3 80
23:6-8 107
23:7 112

레위기
18:5 37, 38, 44, 130
19:35-36 104

민수기
32:23 150

신명기
4:6-8 134
4:8 105
9:6-7 105
16:19 108
25:1 107, 112
27:26 39
28장 95
29장 95

열왕기상
21장 108

욥기
4:17-19 106
15:14-16 106
25:4-6 106
27:17 102

시편
1:6 103
7:8 102-103

18:20-27 150
19:12-13 151
23:3 105
33:1 102
34:15-16 103
96:11-13 149
143:2 35, 106, 115, 128

잠언
1:7 134
1:29-32 150
3:7 134
3:19 134
6:6-8 107, 134
8:12-31 134
12:10 107
12:15 134
13:5 107
17:15 107
17:26 109
21:2 134
21:26 107

이사야
5:23　107, 112
29:21　108

에스겔
3:20　104
18:5-9　103-104

아모스
5:12　109

하박국
2:4　38, 42

신약성경

마태복음
7:17-18　86
23:35　108
27:19　108

누가복음
23:47　108

사도행전
10:22　106
10:35　106

로마서
1-2장　151
1장　72, 86
1:1　20
1:3　71
1:5　137, 152
1:14-16　42

1:17　42, 117
1:18　42, 111, 157
1:18-32　42, 73, 111, 158, 160
1:21　42, 86, 134, 148, 161
1:24　151
1:26　151
1:26-27　134
1:28　86, 134, 151
1:28-31　72
1:32　72
2장　72, 73, 132
2:4　150
2:6　132, 151
2:6-11　42
2:7　133, 135, 136
2:7-10　132
2:10　133, 135, 136
2:13　42, 44, 111, 133, 135, 136, 137, 160
2:14-15　73, 133
2:15　74, 158
2:17-18　160
2:17-20　42, 94
2:17-22　133
2:17-27　43
2:21-22　134
2:25　74, 75
2:25-27　74, 76
2:26-27　75
3장　95, 112, 131
3:5　117
3:9　70, 138
3:9-10　111
3:9-11　55-56
3:9-18　43

3:9-20　43, 73
3:10　111, 128
3:10-18　68, 111, 112, 160
3:19　56, 73, 112, 134
3:19-20　137
3:20　43, 118, 128, 130, 135, 136
3:20-21　131
3:20-22　113, 115
3:21　43, 130
3:21-22　137
3:21-26　137
3:22　96, 117, 118, 119, 128-129, 161
3:22-24　118
3:23　43, 112
3:24　31, 43, 54, 112, 119, 160
3:24-26　152
3:25　115
3:25-26　115
3:26　117
3:28　130, 131, 161
4장　112
4:1-8　43, 115
4:2　160
4:3　118
4:4-8　54, 118, 152
4:5　43, 111, 114, 118
4:6　160
4:6-8　43, 112
4:9-12　43
4:13-16　130
4:14　130
4:15　134
4:16　119

4:22-24 118
5장 44
5:1 161
5:1-2 159
5:2 138
5:3-5 161
5:6 56
5:6-9 114
5:6-10 44
5:8 56
5:10 31, 56
5:13 134
5:14-19 159
5:15 54
5:15-19 94
5:16-17 44
5:17 54, 117, 160
5:17-19 162
5:18-19 44
5:19 56, 70
5:20 134
5:21 70
6장 31, 116, 137
6:1-2 70, 138
6:12 70
6:14 70
6:14-15 138
6:16-23 70
6:18 110
6:19 110
6:20-21 56
7장 69
7:1-6 137
7:7 134
7:7-13 135
7:12 110, 135, 148

7:14 69
7:16 148
7:18 56, 71
7:18-19 69
7:22 135, 148
8:1 138
8:5-8 69-70, 137
8:7 71
8:7-8 29, 57-58, 135
8:8 68
8:9 139
8:13 137
8:20-22 149
9장 44
9:5 71
9:11-12 55
9:16 55
9:30 45
9:30-31 114
9:31 44
9:31-10:4 132
9:32 118-119, 152
9:33 118
10장 44
10:3 117
10:4 45
10:5 29, 44
10:5-10 137
10:6 118
10:9-11 118
10:11-12 45
10:13 45
10:17 120, 152
10:20 45
11:6 54-55, 59, 119
11:13 20

12:17 72
13장 76
13:1 76
13:1-4 76
13:8-10 134, 135
14장 87
14:10-12 137
14:18 72
14:23 86
15:8 117, 121

고린도전서
1:18 26, 30, 120
1:18-25 28
1:18-29 114
1:21 26, 153
1:24 153
1:30 28, 31
2:4-5 120
3:10-15 137
4:4 27, 111
5:1 73
6:9 26, 28, 137, 152, 158
6:9-10 27, 111
6:9-11 112, 159
6:11 28, 29
7:17-19 32
9:20-22 25
9:20-23 28
9:25-27 137
10:1-12 138
10:33 25
11:32 26
12:3 120
15:1-2 26
15:2 138, 161

15:3　117
15:10　138
15:22　29, 68
15:56　29

고린도후서
1:20　117
2:15　26
2:15-16　26
3장　29
3:7　29, 37
3:7-9　29
3:9　29, 37, 135, 137
4:3　26
5:10　137
5:10-11　137
5:14-15　95
5:17　32, 138, 159
5:19-20　31
5:21　28, 98, 112, 116
6:1-2　26
6:14　110
8:21　72
12:9　138
13:5　138

갈라디아서
1:4　32, 117
1:6　33, 138
2장　113, 114, 120
2:11-16　99
2:15　36, 128
2:16　32, 34, 37, 38, 43, 96, 99, 112-113, 115, 118, 125, 130, 131, 160
2:19　137

2:20　71
2:21　37, 114, 129
3:6　37, 118, 160
3:7-8　40
3:10　29, 39, 96, 114, 131, 135
3:11-12　38, 137, 152
3:12　29, 37, 44, 130
3:13　96, 131, 137
3:17　40
3:17-18　131
3:17-25　131
3:18　130
3:19　39, 40
3:21-22　135
3:21-24　39
3:21-4:7　39
3:22　37, 39, 70
3:22-24　37
3:24-25　40
4:4-5　40
4:5　131
4:21-5:1　40, 131
4:25　40
5:1　131
5:4　38-39, 129, 130
5:5-6　161
5:17　71
5:18　40
5:19-21　71, 137, 158
5:22-23　139
6:1　138
6:8　137
6:15　32

에베소서
2:8-9　119
2:8-10　55

빌립보서
1:6　138, 139, 153
1:10　153
1:11　139
1:29　120, 153
3장　45
3:3-4　76
3:6　75, 76
3:8-9　45
3:8-11　76
3:9　117, 137
4:8　72, 110

골로새서
1:22-23　138, 161

데살로니가전서
1:6　24
1:7　24
1:8　24
1:9　22, 24
1:10　22, 24, 158
2:4　24, 158
2:10　24, 110
2:13　24, 120, 138, 152
2:14-16　22
2:16　24
4:4-5　22
4:12　72
5:3　22, 23
5:6-7　22
5:9　24, 30, 158

5:10 117
5:23-24 153
5:24 138

데살로니가후서
1:5-10 22
1:8 24
2:12 24
2:14 153

3:2 24

디도서
3:5-7 55

히브리서
11:4 106

베드로후서
2:7-8 106

요한일서
3:7 104
3:12 106

요한계시록
22:11 104

옮긴이 **박장훈**은 캐나다 사이먼프레이저 대학교에서 철학을 공부하고, 리젠트 칼리지에서 신학 석사 학위를 받았다. 이후 영국 세인트앤드루스 대학교에서 신학 석사를 마친 후 톰 라이트의 지도 아래 바울신학으로 박사 학위를 받았다. 현재 백석대학교, 아신대학교, 숭실대학교에서 가르치고 있다. 옮긴 책으로는 마를린 바틀링의 『톰 라이트는 처음입니다만』, 잭슨 W.의 『동양의 눈으로 읽는 로마서』(이상 IVP), 톰 라이트의 『성경과 하나님의 권위』(새물결플러스)가 있다.

칭의를 다시 생각하다

초판 발행_ 2022년 5월 19일

지은이_ 스티븐 웨스터홈
옮긴이_ 박장훈
펴낸이_ 정모세

펴낸곳_ 한국기독학생회출판부
등록번호_ 제2001-000198호(1978.6.1)
주소_ 04031 서울시 마포구 동교로 156-10
대표 전화_ (02)337-2257 팩스_ (02)337-2258
영업 전화_ (02)338-2282 팩스_ 080-915-1515
홈페이지_ http://www.ivp.co.kr 이메일_ ivp@ivp.co.kr
ISBN 978-89-328-1928-0

ⓒ 한국기독학생회출판부 2022

책값은 뒤표지에 있습니다.
무단 전재와 복제를 금합니다.